내 삶을 돌아보며

김동분 수필집

주디자인

내 삶을 돌아보며

책을 내면서

　읽을거리가 넘쳐나는 시대입니다.
　인쇄물이 공해가 되는 세상에 나 역시 거기에 일조하는 것이 아닌가 하는 두려움과 누군가에게 위로가 될 수 있으면 좋겠다는 염원을 가지고 수필집 『내 삶을 돌아보며』를 선보이게 되었습니다.

　수필을 쓰고 발표한다는 것은 나의 삶 자체를 타인에게 고스란히 보여주는 것이기에 부끄럽기도 하고 용기도 필요했습니다. 문단에 발을 들여놓은 지 14년이 넘었는데도 내 수필 쓰기는 아직도 안개 속에서 허둥대고 있습니다.

　이제 내 손을 떠나 세상으로 나가는 이 책이 나에게 의미가 있듯이 독자들에게도 마음의 평화를 얻고 깨달음의 환희를 줄 수 있기를 희망합니다. 그리고 인생을 살아가는 이들에게 작은 울림이 되고 누군가에게 공감을 줄 수 있다면 그래서 잠시나마 즐거움이 된다면. 저는 정말로 행복할 것입니다.

　지나온 내 삶을 돌아보니 가장 후회스러운 일은 어머님 말년을 내가 모시지 못한 것이었습니다. 불쑥불쑥 떠오르는 어머니 생각에 가슴이 늘 아려옵니다. 온갖 질병에 시달리다 가신 그 길이 안타까워 잠을 이루지 못하는 날들이 끝없이 이어졌습니다. 어머니를 집에 모시지 못하고 요양병원에 모신 후회가 이리도 오래 갈 줄은 몰랐습니다. 어머니의 귀천은 오래도록 달랠 길이 없습니다.
　어머니 가신지 여러 해가 지났습니다. 이 책을 어머니 영전에 바칩니다.

2025년 8월의 끝자락에
저자 김동분

차례

1부 _ 내 삶을 돌아보며

촬영일지 / 13

길들이기 / 17

습관의 힘 / 21

내 삶을 돌아보며 / 25

그리운 친구 / 29

그 친구네 집 / 33

건망증 / 37

4월엔 / 41

단오풍정 / 46

2부 _ 이집트 사막투어

이상한 나라 인도 / 53

힐링 여행 / 58

로까곶을 다녀와서 / 64

소록도 연가 / 67

황금의 나라 / 72

판문점에 부는 바람 / 77

백두산을 다녀와서 / 81

정원 순례기 / 85

이집트 사막투어 / 90

차례

3부 _ 집으로 가는 길

기발한 자살 여행 / 97

집으로 가는 길 / 100

정의의 사도는 어디에 / 103

휴거의 추억 / 106

종소리와 함께 / 110

첫사랑 / 114

유년의 뜨락 / 118

심판 / 122

여자라는 이유로 / 125

4부 _ 하산길에서

억새꽃의 계절 / 133

미장원에서의 단상 / 137

불청객 / 141

만우절날 아침에 / 145

하산길에서 / 148

이루어질 수 없는 사랑 / 151

회오리바람 / 155

내 영혼의 스승 / 159

일상의 행복 / 163

차례

5부 _ 고향별곡

그녀의 시간 / 169

옛날이야기 읽어주는 할머니 / 174

거리의 노인 / 178

백세 시대의 그늘 / 182

마지막 화장 / 186

유품을 정리하며 / 190

황토방에서 / 193

하루 / 197

고향별곡 / 201

1부

내 삶을 돌아보며

촬영일지

한라산을 넘는다. 먹구름, 눈, 안개가 가는 길을 막아선다. 폭설에 강풍까지 휘몰아친다. 가끔가다 구름이 바람에 흩어지며 햇살이 내리비치기도 한다. 한라산 날씨 변덕이 참 심하다. 산을 오르기 전만 해도 멀쩡한 하늘이었다. 또 다시 흰 나비떼처럼 허공에 눈이 날린다. 차는 눈보라 속으로 들어간다. 세상의 모든 바람이 이곳으로 몰려온 것 같다. 조용하게 움직이던 와이퍼가 쉼없이 달려드는 눈송이를 이겨내지 못하고 끼이익 끽 비명을 지른다. 눈송이들이 돌진하듯 날아와 차창에 부딪혔다가 산산이 부서져 사라지고 차들은 전조등을 켜고 경적을 울리며 서서히 지나간다. 대낮인데도 허공은 검은색으로 밤처럼 어둡기만 하다. 무슨 사고라도 날 것 같은 긴장되고 초조한 분위기가 이어지고 있다. 이런 악천후는 처음이었다. 항상 운 좋게 좋은 날씨를 만났는데 이번은 그게 아니었다. 청정 제주 바다도 하늘을 닮아서 온통 잿빛이다.

미친 짓이었다. 한겨울에 무슨 걸작품을 만들어보겠노라고 여기까지 와서 이 눈보라를 뚫고 이 산을 넘어가야 하는지. 후회막급이다. 아름다운 한라산의 설경을 필름에 담아 기세등등하게 돌아오리라는 부푼 가슴을 안고 제주도행 기행기에 오른 것이 이틀째, 내 카메라 안의 필름은 올 때 그대로이다. 푸른 하늘과 새하얀 눈 그리고 초록의 평원이 내가 그린 제주의 사진이었다. 산과 숲의 우듬지에 흰 눈이 잔뜩 쌓여 겨울다웠지만 하늘은 어둡고 세상은 칙칙하다. 사진이 제대로 나올 풍경이 아니다. 그러나 기다린다. 저 구름이 걷히면 푸른 하늘이, 찬란한 햇빛이 폭포처럼 쏟아질 테니까.

내가 사진에 관심을 가지기 시작한 것은 어느 사진 전시회에 다녀온 후였다. 삶의 의욕을 잃고 방황할 때 만난 사진은 매력 그 자체였다. 그 후 20여 년 카메라를 메고 전국을 헤매고 돌아다녔다. 봄에는 꽃을, 여름에는 녹음을, 가을에는 단풍을, 겨울에는 설경을 필름에 담았다. 새벽 1시에 한계령을 넘기도 하고, 새벽 4시에 강릉 앞바다에 삼각대를 세우고 일출을 기다리고, 저녁 무렵 서해 바다로 나가 일몰을 찍었다. 극적인 순간을 포착하여 125분의 1초, 250분의 1초 찰나의 풍경을 찍는가 하면 별의 운행을 찍기 위해 빛이 없는 산속으로 들어가 모기에 뜯겨가며 하늘에 카메라를 대고 1시간 동안 인내심을 발휘하기도 하며 별빛, 달빛, 그 아래 존재하는 삼라만상을 필름에 담으며 서서히 사진의 세계에 빠져들었다. 뷰파인더로 보는 세상은 참 아름다웠다. 그러면서 삶의 의욕이 되살아났다.

한 장의 사진이 사회에 얼마나 큰 영향을 끼치는지 전에는 잘 몰랐다. 사진을 찍으면서 사진 한 장이 세상을 바꾸고 한 인생이 바뀌는지를 알게 되었다. '케빈 카터'가 1994년에 발표된 〈독수리와 소년〉이라는 작품은 우리에게 많은 충격을 주었다. 수단 어린이의 기아상황을 담은 이 사진은 전 세계로부터 엄청난 반향을 불러일으켜 식량원조를 받기도 했다. 사진 한 장의 위력이었다. 미국 역사상 가장 권위 있는 저널리즘상을 수상한 것도 놀랍지만 그 작품을 발표한 지 얼마 지나지 않아 작가가 자살을 하여 또 한 번 세상을 놀라게 한 것도 기이하였다. 이 작품은 세상 사람들의 찬사와 비난을 한꺼번에 받았다. 언론은 이 작품으로 받은 상처가 그를 극단적 세계로 내몰았을 것이라고 하나 확실한 것은 아무도 모른다. 우연히 찍은 한 장의 사진, 그것이 많은 사람의 마음을 움직일 수도 있다는 것, 이것이 사진의 마력이 아닐까 싶다. 사진의 매력은 참으로 많으나 찰칵하는 순간의 그 소리가 더 없이 신선하고 경쾌하여 희열을 느끼기도 한다.

사진은 빛의 예술이라고 하며 빛으로 그린 그림이라고도 한다. 사진에서 빛은 80%를 차지한다고 전문가들은 말하고 있다. 사진은 빛이 없으면 존재할 수 없는 예술이다. 그렇다고 해서 빛만 있으면 평면적인 그림이 되고 만다. 반드시 그림자가 있어야만 입체감이 살아있는 생동적인 사진으로 탄생한다. 빛을 어떻게 앵글 속에 담느냐에 따라 전혀 다른 느낌의 사진이 된다. 사진 속에서 빛은 순광順光, 역광逆光, 측광側光, 사광斜光, 역사광逆斜光, 반사광反斜光, 실루엣silhouette등 다양하게 활용하고 있다. 빛은 고정되어 있지 않다. 시간과 장소, 방향에 따라 전혀 다른 얼굴을 보여준다. 사진의 기본 요소는 순간의 포착이다. 빛의 변화를 이용하여 찰나의 순간을 영원히 기록하는 것이다.

혹독한 제주 날씨를 맛보고 집으로 돌아가려는데 비행기가 뜨지 않는다. 전에도 안개가 끼고 빛이 안개 속에 묻히는 바람에 4시간을 비행기 안에서 대기한 기억이 있어 조바심이 난다. 고민은 눈처럼 쌓였다 녹았다 한다.

이번 촬영은 그야말로 최악이었다. 허나 이런 날도 있는 게 인생이 아니던가? (2024)

길들이기

부부는 전생의 원수였단다. 그 원수가 다시 만나게 된 것은 현세에서 화해하라는 지상명령이라고 한다. 그럴듯한 논조가 아닌가 싶다. 그 명령을 어기고 지상의 부부들은 하루가 멀다고 다툰다. 크건 작건 다툼을 하는 부부들이 많은 것은 틀림없는 것 같다.

나 역시 상대방을 이해하지 못하고 내 생각만이 옳다고 목소리를 높였다. 시작은 신혼여행을 끝나고 와서부터였다. 아침 밥상을 차렸는데 한 수저 뜨자마자 반찬 투정을 하였다. 밥투정을 해 보지 않은 나는 너무 놀라 밥상을 옆으로 밀쳐놓고 '당신이 하라'며 어깃장을 놓고는 돌아앉아 버렸다. 그렇게 시작된 다툼은 하루가 멀다하고 지속되었다. 초장에 잡아야 한다는 말을 무슨 금언처럼 여기며 서로가 으르렁거렸다. 그것이 지천명의 나이까지 이어졌다.

결혼에 대한 어쭙잖은 환상은 깨지기 마련이거늘 그때는 그것을 몰랐다. 찬란한 삶이 내 앞에 전개될 줄만 알았다. 어설프기 짝이 없는 생각이었다. 꿈 꾼 행복은 그야말로 착각이었다. 그는 나에게 순종을 강요했다. 나는 원하지 않는 복종을 해 보지 않았기에 받아들일 수가 없었다. 마치 하녀처럼 취급하는 그에게 반감은 갈수록 깊어갔다. 결혼은 아무리 생각해도 허방다리에 빠진 것 같았다.

참는 것이 내 인내력의 마지노선을 넘어서자 이혼을 결심했다. 합의 이혼 서류는 이력서 작성보다 훨씬 쉬웠다. 나에 대한 인적 사항을 기록하고 날인 후 그에게 내밀었다. 빨리 작성해 달라고 하고는 휑하니 집을 나섰다. 꼬물거리는 아이를 생각하면 가슴이 저렸지만 브레이크가 필요했다. 나도 살아야 했다. 이대로는 정신병원 신세를 질 것 같은 두려움이 시시때때로 밀려왔다. 이혼 서류를 달라고 아무리 다그쳐도 그는 묵언수행이라도 하듯 도통 말이 없었다. 이혼은 안 된다는 것이다. 또 부딪힐 수 밖에.

자격 없는 부모를 만나 갈등을 겪는 학생들을 보며 안타까워했던 일들이 떠올라 헛웃음이 나왔다. '이혼할 것이면 왜 아이를 낳아 편부모 자식이 되게 하냐'며 핏대를 올리던 나였다. 그러던 내가, 이혼하는 사람들의 절박한 심정을 온몸으로 깨달았다.

사물도 그렇고 사람도 그렇고 익숙해지기 위해서는 시간이 필요한 것 같다. 처음부터 익숙한 것은 아무것도 없는 것이 아닌가 싶다. 젊은 시절에는 굽이 높은 구두를 신었다. 처음 구두를 사면 내 발에 맞게 길을 들여야 했다. 발꿈치와 구두 뒤축이 부대껴 상처가 나면 밴드를 붙이고 절름거리면서도 기어코 내 발에 맞게 길을 들이고야 말았다. 길을 들이면 구두는 말랑말랑해지고 아주 부드러워졌다. 그 구두와 함께 뻣뻣했던 내 몸도 낭창낭창해졌다. 인내의 결과는 몸과 마음의 편안함이었다.

 언제부터인가 구두를 사고 길을 들여야 할 시간을 견뎌내지 못하고 신발장에 모셔두는 경우가 다반사가 되었다. 발이 편하다고 하는 구두도 단 몇 시간만 신으면 발이 아파 견딜 수가 없다. 발만 불편한 것이 아니고 다리도 저리고 온몸이 아파온다. 신발장 안으로 들어간 구두는 다시는 나오지 않는다. 처음부터 발이 편한 구두는 그 어디에도 없었다. 지금은 아예 길들일 필요가 없는 발이 편한 운동화만 신고 다닌다.

 사람도 마찬가지가 아닐까 싶다. 젊은 시절, 의견이 다를 때는 목청을 높이기도 하며 서로를 길들이기도 했다. 지금은 나와 생각이 다른 사람과는 애시당초 말을 섞지 않는다. 내 주장도 하지 않는다. 어찌 보면 비겁하다고 할 수 있지만 에너지를 소비하기 싫으니 아예 포기하고 도망치는 것이다. 아니 말할 힘을 잃어버린 것일 수도 있다. 좋게 말하면 남하고 다투지 않는다. 남과 생각이 같으면 호응하고 다르면 안 들으면 그만이다. 참 편하다. 옛날처럼 내 생각이 옳다고 밤을 세워 가며 토론하고 열을 올리지 않아도 되니까.

여우 : "나는 길들이지 않았거든"
왕자 : "길들인다는 것이 뭐야"
여우 : "관계를 맺는다는 것이야. 네가 나를 길들인다면 우리는 서로
　　　 필요한 존재가 되는 거야. 나한테 너라는 존재는 세상에 하나

밖에 없는 사람이 되고 너한테 나는 세상에 하나밖에 없는 여우가 되는 거니까."

  소설 『어린 왕자』에 나오는 이야기다. 왕자는 지구에 와서 수없이 많은 장미꽃을 만나고 여우를 만나게 된다. 그들의 이야기는 길들임으로서 서로가 의미 있는 존재가 된다는 것이다.
  여우가 말한 또 하나의 비밀은 '어떤 것을 잘 보기 위해서는 마음으로 보아야 한다. 가장 중요한 것은 눈에 보이지 않는 법이라'고 가르쳐 준다
  우리 부부도 상대방의 마음을 톺아보지 못하고 어리석게 다툰 적이 많았지만 긴 세월 투덕투덕하다가 시나브로 서로에게 길이 들어 구순하게 되었다. 불편한 것도 없고 다툴 일도 없다.
  세상에 길들이기를 함으로써 의미 있는 존재가 되는 것이 헤아릴 수 없이 많은 것 같다.
"그때, 왜 그렇게 싸웠지"
"글쎄 나도 모르겠다" (2020)

허방다리 : 짐승을 잡기 위해 파놓은 구덩이.
톺아보다 : 샅샅이 더듬어가며 살피다.
구순하다 : 말썽 없이 의좋게 잘 지내다.

습관의 힘

 퇴근을 하고 집에 왔는데 우리 집이 아니었다. 30여 년 동안 살던 집을 팔고 이사를 한 지 3일째 되는 날이었다. 꼭 귀신에게 홀린 것 같았다. 어떻게 하여 이곳까지 왔는지 도저히 이해가 되지 않았다. 분명히 차가 나를 이곳까지 데려온 것 같다는 엉뚱한 생각이 들면서 김유신과 말의 일화가 떠올랐다.
 김유신이 사랑하는 기생 천관녀와 헤어지기로 결심한 어느 날 김유신이 술에 취해 정신이 없는 가운데 김유신의 말은 평소 주인이 가던 길을 따라서 천관녀 집으로 간다. 잠에서 깬 김유신은 말의 목을 벤다. 김유신에 의해 길들여진 말은 결국 그 습관 때문에 죽음을 맞이하게 된다. 습관의 힘이 얼마나 강력한가를 보여주는 일화가 아닌가.
 그날은 매우 바쁜 날이었다. 수업이 많은 데다 공문서도 처리해야 하고 학생 상담도 있었다. 정신없이 바쁘게 일하다가 집으로 향했는데 결국 전에 살던 집으로 온 것이다. 30여 년 매일같이 드나들던 집을 차가 알고 습관적으로 데려간 것이 아닌가. 김유신의 말처럼 목을 칠 수도 없고 헛웃음만 나왔다.

퇴직을 하고 나니 갑자기 할 일이 없어졌다. 해서 타지에서 혼자 사는 아들에게 반찬이라도 해 주려고 하니 난색을 표했다. 집에서 밥을 먹지 않으니 필요 없다는 것이다. 한가해졌으니 엄마를 위한 시간을 가지라나. 서운하기도 하고 이제 와서 무언가 해주려는 것이 어이없다는 생각이 들기도 했다. 어느 날부터 갑자기 자신에게 관심을 보이는 엄마를 뜨악하게 바라보는 것은 어쩌면 당연한 일인지도 모르겠다. 지금까지 탈 없이 잘 사는 사람 앞에 무엇인가 간섭하는 듯한 훼방꾼이라도 나타난 것처럼 느끼는 것 같았다. 아들의 이런 태도가 안쓰럽기도 하고 미안하기도 했다. 무엇이든 혼자 결정하던 아들의 습관은 결국 나의 관심을 거부하는 것으로 되돌아왔다.
 챙겨주는 것도 습관이며 받는 것도 습관인 것 같다. 내가 아이에게 어려서부터 자주 챙겨주었다면 커서도 아무런 부담 없이 받았을 것이다. 어려서부터 습관이 되지 않았으니 받기가 어색한 것이다.
 시아버지는 평생 밥 한 번을 손수 챙겨 드신 적이 없으셨다. 가스 불을 어떻게 켜는지도 모르셨다. 아니 주방에 들어오신 적도 없으셨다. 모든 것을 시어머니께서 챙겨주셨기 때문이다. 시아버지는 시어머니가 안 계시면 물 한 컵 마시는 것도 해결하지 못했다.
 정말 무서운 것이 습관이다. 한 사람의 운명을 결정하는 것이 습관이라고 하니 말해 무엇하겠는가. 어떤 논문에 의하면 우리가 매일 하는 행동의 40%가 의사 결정의 결과가 아니라 습관 때문이라고 주장하고 있다. 금연을 하겠노라고 결심을 하고도 3일을 넘기지 못하는 예를 무수히 보아왔고 도박을 하지 않겠다고 맹세를 하고도 끊지 못해 폐가망신하는 것도 보아왔다. 이것은 의지보다 습관이 우선하기 때문이 아니겠는가. 매일매일 반복되는 일들은 하나하나의 습관들이 모여 이루어진 것들이다. 식사, 수면, 대화 이 모든 것들도 우리의 습관이 이룬 결과물이 아닌가.

 아들은 자유를 한껏 누리며 독립된 생활을 하고 있다. 직장에서의 스트레스 때문에 힘들어하기도 하지만 나름 자유를 향유한다. 휴가 때면 홀로 또는 친구들과 여행을 다니는 영원한 자유인이다. 아니 방랑자가 더 어울릴 것 같다.

 그런데 문제는 결혼에 대한 생각이 전혀 없는 것이다. 독신주의자는 아니라고 하지만 가족이 생기면 자유롭지 않다나. 경제적으로 여유 없이 살아야 하는 것도 큰 부담이 된다고. 그 이유가 이해되기도 하지만 왠지 씁쓸하다.

 혼자 오래 살다보니 습관이 되어 버린 것 같다. 아들은 고등학교 때부터 부모와 떨어져 학교에서 살았다. 그리고 대학교, 군대, 회사, 혼자 산 세월이 너무 많고 혼자서 자기 일을 결정하고 실행한 것이 유치원 때부터였으니 그는 혼자 사는 것에 길들여져 있으며 또한 그것을 즐긴다.

 모든 인간의 노년의 꿈은 혼자가 아닌 아들, 손자, 며느리 다 함께 모여 사는 것이 아닌가. 사랑하는 가족들 곁에서 노년을 보낸다는 것은 큰 축복이 아닐 수 없다. 그러나 아들의 습관을 잘못들인 덕에 그런 꿈은 접어야 할 것만 같다. 슬프지만 받아들일 수 밖에.

　결혼을 하고 아이를 낳아 키우는 기쁨을 누리지 못하는 것은 인생을 절반만 살다 간다는 누군가의 말에 공감하면서 자식이 인생의 절반만 살 수 밖에 없다는 현실이 아득하기만 하다. 혼자 사는 것도 마음 편하고 이것저것 안 보는 것도 행복이라고 생각하고 위안을 삼아야겠다.

　좋은 습관은 좋은 기적을 만들고 좋은 인생을 선물해 준다고 한다. 좋은 습관을 들이는 것도 힘들지만 나쁜 습관을 버리는 것은 더더욱 어렵다고 본다. 오랫동안 몸에 밴 습관은 그 사람의 성격이 되고 그것은 결국 운명을 결정하는 것이니 좋은 습관을 들이는 데 노력을 해야만 할 것 같다. 쉽지는 않겠지만. (2019)

내 삶을 돌아보며

　사람들은 누구나 '오디세우스' 같은 존재가 아닐까? 노년기에 접어들면서 이런 생각을 자주 하게 된다.
　호메로스의 대서사시 〈오딧세이〉의 주인공인 '오디세우스'가 트로이의 전쟁이후 10년간에 걸친 해상 표류의 모험에 관한 이야기는 그야말로 흥미진진 재미의 극치를 선사한다. "트로이의 목마"라는 기상천외한 작전을 세워 전쟁을 승리로 이끈 그리스의 장수. 그가 전쟁을 끝내고 집으로 가는 길은 멀고도 험난한 과정이었다. 신들이 정한 귀향길은 상상을 초월할 정도로 위험한 길이었으며 숙명처럼 가야할 여정이기도 했다.
　야만족의 무자비한 공격을 받아 배와 선원들이 침몰하는가 하면, 애꾸눈 거인족의 동굴에서 부하들이 잡아먹히기도 한다. 오디세우스는 거인의 눈을 찌르고 도망치지만 바다의 신 포세이돈이 파도와 비바람을 일으키는 바람에 집으로 가는 길은 10년이나 늦어지게 된다. 또 남자들을 유혹하여 돼지로 변신시키는 마녀와도 맞서야 했다. 험난한 바다를 건너는 오디세우스의 인생 여정은 우리의 삶이 만만하지 않다는 것을 비유한 것이 아닐까.

인생은 항해와 같다고 했다. 암초도 만나고, 풍랑도 만나고, 소용돌이에 빠지기도 하고, 비바람도 만나고, 푸른 하늘도 만나고, 해와 달과 별도 만난다.

돌아보면 참으로 긴 여정이었다. 운명론자는 아니지만 비켜갈 수 없는 것이 인간의 삶이지 싶다. 젊어서는 운명은 내가 만드는 것이라며 깜냥도 안 되면서 호언장담했는데 돌아보면 운명이었지 싶었던 일들이 퍽 많았다. 내 의지와는 전혀 상관없는 일들이 나에게 예고도 없이 들이닥쳐 허덕인 적도 있고, 내 스스로 해결하지 못하는 일에 직면하기도 했고, 내 생각과는 다른 엉뚱한 방향으로 간 일도 허다한 것을 보면 말이다. 애면글면 살아왔지만 마치 신이 짜 놓은 틀을 벗어나지 못하고 누군가가 정해놓은 길을 걸어오지 않았는가 하는 생각이 들기도 한다. 신의 존재를 믿지 않으면서도 한편으로는 신이 정한 길을 가지 않았나 하는 이율배반적인 생각을 지울 수가 없다. 한 치 앞을 보지 못하는 것이 인간의 삶이 아니던가.

사회라는 정글 속에 내몰리면 누구나 험난한 삶의 바다를 건너야 할 수 밖에 없는 것 같다. 사람과도 부딪히고, 사물에 욕심내기도 하고, 무자비한 자연과 싸워도 보고, 부조리에 항의도 하고, 때로는 비굴해지기도 했던 지난 세월이었다.

중학교 때 일이다. 전국 MRA(도덕재무장운동) 교육이 보은 속리산에서 있었다. 제천에서 청주까지 와서 다시 속리산행 버스로 갈아타야 했다. 일찍부터 서둘렀건만 여의치가 않았다. 먼 길에 배가 고파 빵을 사는 사이 버스는 떠나고 다시 1시간을 기다려야 했다. 1분만 서둘렀으면 늦지 않게 갈 수 있었는데 발을 동동 굴러보았지만 대책이 없었다. 늦은 시각에 목적지에 도착했는데 난리가 났다. 내가 1분 차이로 놓친 버스가 말티재에서 사고가 나서 여기에 오던 학생들이 많이 다쳤다는 것이다. 사고 처리로 인하여 행사는 지연되고 있었다. 내가 그 버스를 타지 못한 것이 신의 한 수가 아니었던가 싶은 생각이 들었다.

이런 일은 또 한 번 일어났다. 50대 후반이었다. 지인이 등산을 가자는 제안을 했다. 산악회에서 가는데 해발 500m밖에 되지 않는 낮은 산이니 쉬울 거라고 해서 따라나섰다. 섬에 있는 산이라서 그런지 시작부터 가파른 길이었다. 헉헉거리며 정상에 올랐다. 문제는 하산길에서 일어났다. 올라오는 길에 에너지를 너무 소모하여 다리가 풀렸다. 꼭 허공을 밟는 기분이 든 순간 돌을 잘못 디뎌 앞으로 넘어지면서 낭떠러지로 굴렀다. '이렇게 죽는구나' 하는 찰나 의식을 잃었다. 얼마의 시간이 흘렀는지 모르는데 왁자지껄한 가운데 119를 불러야 된다는 소리가 들렸다. 정황상으로 엄청난 사고를 당한 것 같은데 손가락 하나 다친 곳이 없었다.

신이 나를 왜 살려두었는지 그 일이 있은 후부터 궁금해졌다. 삶과 죽음을 넘나드는 경험을 여러 차례 하다 보니 이게 우연이 아니라는 생각과 함께 삶과 죽음은 항상 내 곁에 있구나 하는 생각도 들었다.

지나온 삶의 편린들을 모아놓고 보면 꼭 누군가가 연출한 대로 살아온 것 같은 인생이 아닌가 하는 생각이 든다. 내 평생 직업도 결혼도 내가 꿈 꾼 것이 아니었다. 내 꿈은 더 높은 곳에 있었으며 나는 혼자 자유롭게 살기를 꿈꾸었지 어디에 얽매이고 싶지 않았다. 허나 무엇인가에 이끌리듯이 직업을 선택했고 결혼 역시 주위의 따가운 시선과 부모님의 성화에 떠밀려 선택을 한 것 뿐이었다.

내 삶의 끝에는 어떤 일이 기다리고 있을지 궁금하다. 지난 세월을 돌아보면 운명이었지 싶은 일들이 참 많다. 나도 오디세우스처럼 어떤 절대자의 뜻에 따라 여기까지 온 것이 아닌가 하는 생각에 빠지곤 한다.

내 남은 여정에는 어떤 일이 일어날지 모르겠다. 젊어서는 넘어지면 일어났는데 앞으로 그럴 힘이 있을지 알 수가 없다. 그러나 어찌하랴. '운명의 직녀 클로토의 베틀에 몸을 맡기고 여신이 너를 실 삼아 어떤 베를 짜든 마음을 쓰지 말라'고 했던 선현의 말을 따를 수밖에. (2021)

그리운 친구

한때 스님이 되고 싶었던 때가 있었다. 10대 후반기 인생에서 가장 혼란스러운 시절, 나는 밤을 지새우며 나 자신의 존재에 대해 수없이 많은 질문을 던졌다. 나는 왜 태어났는가? 무엇 때문에 살아야 하나? 이대로 살아야 하는가 등등. 끝없는 의문을 가졌지만 아무도 대답해 주는 사람이 없었다. 허기진 영혼을, 텅빈 마음을 둘 데가 없었다. 무작정 집을 나와 방황하다 향했던 곳이 시골 친구네 집이었다. 고등학교 1학년 여름방학이 끝나기 며칠 전의 일이었다.

그곳은 단양 도락산 끝자락에 있는 아주 작은 마을이었다. 몇 채의 초가가 옹기종기 모여 사는 정겨운 마을이었다. 나와 친구는 낮에는 산과 들을 돌아다니며 머루와 다래를 따 먹고, 어쭙잖은 팝송을 목청껏 부르며 서로를 바라보며 깔깔거렸다. 밤이면 등잔불을 밝히고 개구리 소리와 새 소리를 들으며 〈릴케〉의 시를 읊조리고 〈죄와 벌〉을 논하며 밤이 새는 줄을 몰랐다.

막내딸의 귀한 친구라며 끼니때마다 친구의 어머니는 맛있는 반찬을 만들어 고봉으로 밥을 담아 주셨다. 들판에 놓아 키우는 닭이 낳은 유정란이라며 달걀찜과 부침을 수저에 올려 주시는 데는 고마워 눈물이 날 정도였다. 당시 우리 어머니는 일을 하셔서 저녁 늦게 돌아오시는 바람에 저녁밥은 늘 내가 해서 먹어야 하는 실정이었다. 그런 상황에서 친구 어머니의 환대는 눈물나게 고마웠다. 처음 보는 나에게 꼬리를 치며 반갑게 맞이하던 친구네 강아지도 그렇게 살가울 수가 없었다.

내 인생에서 그처럼 환대를 받아본 것은 그것이 처음이지 싶다. 수탉의 긴 울음 소리에 잠이 깨어서도 일어나지 않고 함께 뒹굴던 친구의 뒷방이 눈에 선하다. 집 앞으로 작은 개울물이 흐르고 있어 치마를 허리춤에 올리고 올갱이를 잡기도 하고, 순하다고 해서 지은 강아지 순둥이와 함께 잠자리를 쫓아다니기도 했던 곳이다.

시골집 앞을 흘러가는 시냇물 소리가 나의 헛된 마음을 씻어갔는지 아니면 친구 어머니의 친절이 나를 집으로 향하게 했는지 모르지만 그 날 이후로 나는 방황을 끝내고 모범생으로 태어났다. 2박 3일의 가출 사건은 그렇게 조용히 끝이 났다.

고등학교를 졸업하고 나는 나대로 친구는 친구대로 각자의 삶 속으로 뛰어들어갔다. 그리고 세월은 마구 흘렀다. 어렴풋이 들려오는 소문에 따르면 그 친구가 일찍 결혼한 후 얼마 지나지 않아 이혼을 했다는 소식이 바람결에 들려왔다. 그 이후 친구의 소식은 내 기억 속에서 사라졌다. 그리고 잔인한 세월은 끝없이 흐르고 이제는 머리가 하얀 노인이 되어 그 친구가 생각이 난다. 달빛에 젖고 풀벌레 우는 가을이 되면 그 친구와 그 친구네 집이 불현듯이 그리워지곤 한다. 그것은 아마도 내 유년시절의 시골 우리집과 너무도 닮아서인지도 모르겠다.

유년시절 내 고향집에도 초가지붕에 하얀 박꽃이 피었다. 밤하늘에는 헤아릴 수 없는 별들이 빛나고 앞산과 뒷산에서는 새소리가 들렸다. 달빛이 흐르는 밤이면 멍석을 깔아놓은 마당에서는 옥수수 파티가 열리곤 하였다. 사랑방 옆의 외양간에서는 어미소가 새끼소의 등을 핥아주고 검둥이도 냄새를 맡고 킁킁거리며 꼬리를 치는 것이 내 고향 풍경과 같았다.

누군가가 말했다.

"노인은 추억을 먹고 산다"고

그 친구네 집에 대한 추억은 외로울 때 소환되는 소중한 기억이다. 잠자리에 누울 때면 그 친구와 함께 바라보던 밤하늘에 무수히 떠 있던 별들이 생각난다. 그때는 참 별들이 많았다. 모나리자의 미소처럼 포근했던 달빛도 그리워진다. 사물은 누구와 어디에서 보느냐에 따라 달리 보이는가 보다.

행복했던 그날의 기억들이 밀물처럼 밀려올 때가 있다. 그 순간은 가슴이 따뜻해진다. 그 어느 짧은 날의 기억들과 다정했던 그 가족들의 기억을 안고 행복해지기도 한다. 그런 기억들을 안고 긴 세월을 살아간다. 좋은 추억을 가진 사람의 삶이 행복하다고 하지 않던가.

'마음 속에 아름다운 추억이 하나라도 남아 있는 사람은 악에 빠지지 않을 수 있다. 그리고 그 추억들을 가지고 인생을 살아간다면 그 사람은 삶이 끝나는 날까지 안전할 것이다' 〈토스토예프스키〉의 말이다.

지금쯤 그 친구는 어떻게 늙어가고 있을지 궁금할 때가 많다. 보고 싶다. 그 친구가 행복한 삶을 살기를 기도한다. 죽기 전에 그 친구를 만나 꼭 한번 그녀의 고향 집에 가서 별이 쏟아지는 밤을 함께 보내고 싶다. 그리고 그녀가 좋아하는 반찬을 만들어 함께 먹고 싶다. 오늘 하늘엔 별이 보이지 않는다. 그래도 그 친구가 그리워지는 밤이다. 불면의 밤도 홀연히 떠오르는 그 친구로 인해 편안해진다. 지금 이 나이가 되어 보니 그때가 투명한 영혼을 가졌던 시기로 내 인생에서 가장 찬란한 시절이 아니었던가 하는 생각이 든다. 짧은 시간이었지만 긴 추억으로 남는다. 그리운 사람이 있다는 것, 그리워할 곳이 있다는 것, 이 또한 행복이 아닌가. (2021)

그 친구네 집

 수구초심首丘初心이라 했던가. 어린 시절이 그리워지는 것을 보니 나이가 든 모양이다. 젊은이는 미래에 대해 관심이 많고 노인들은 과거 지향적이라는 말에 공감한다. 그 친구네 집도 그렇다.

 마을 어귀에 있는 그 집은 대궐 같은 큰 기와집이었다. 나는 옆집에 사는 그 친구의 집에 자주 마실을 갔다. 넓은 뜰 안을 이곳저곳 돌아다니며 술래잡기도 하고 친구의 어머니가 내어주는 다디단 눈깔사탕도 핥으며 놀았다. 우리가 정신없이 놀 때 그 친구의 어머니는 대청마루 한편에서 수틀 앞에 앉아 수를 놓으셨다. 시간이 지나면 하얀 천 위에 꽃이 피어나고 나비가 날았다. 그걸 보는 나는 마냥 신비롭기만 하였다. 그녀의 어머니는 꼭 선녀 같았다. 날개옷을 잃어버려 하늘에 오르지 못한 선녀.

 내 어머니는 친구의 어머니와는 달라도 너무 달랐다. 수건 뒤집어쓰고 호미 들고 밭일, 논일로 항상 남루한 옷에 흙 묻은 손으로 사시는 것을 보고 때로는 짜증을 내기도 했다. 왜 우리 집은 그녀네 집처럼 살 수 없을까 궁색한 우리 집의 모습에 슬픈 울음을 삼키기도 했다.

원하는 것은 무엇이든 있을 것 같은 친구네 집에는 도깨비 방망이라도 있는 듯한 생각이 들기도 했다. 초가 삼 칸에 먹을 것조차 부족했던 우리 집과는 너무 다른 그 집은 나로서는 모든 것이 신기하기만 하였다.

그 친구는 언니 같았다. 키가 크고 목소리도 크고 하는 행동도 선머슴 같았다. 남자 아이들과 딱지도 치고 씨름도 하면서 골목 대장 노릇을 하였다. 나하고 나이는 같았지만 학교에 일찍 들어가서 나의 선배가 되었다. 나는 그녀의 뒤를 졸졸 따라다녔다. 그녀가 산딸기를 따 먹자고 하면 따라나섰고 진달래 꽃잎 따 먹자고 하면 또 따라나섰다. 그리고 교회도 그녀를 따라 다니게 되었다. 그녀의 아버지는 교회의 목사님이었는데 온유한 성품에 아이들을 사랑하여 어른이나 어린이나 그분을 존경하였다.

그렇게 어린 시절을 함께 지내다가 초등학교 5학년 가을, 우리 식구는 읍내로 이사를 하고 그 집과 그녀와의 연락도 끊어지고 말았다. 그리고 어느 날인가 내가 고등학교를 졸업할 즈음 그녀가 군에 입대했다는 소식이 바람결에 들려왔다. 놀라지도 않았다. 그녀다웠다.

세월은 부지런히도 흘러갔다. 50여 년이 지난 후 친구의 소식이라도 듣기 위해 그곳으로 발길을 옮겼다. 세월은 친구네 집을 완전 폐허로 만들어 놓았다. 퇴락한 대부분의 농촌의 집들처럼 넓은 마당에는 잡초가 무성하고 깨어진 장독대, 녹이 쓴 펌프. 여기 저기 뚫린 지붕, 떨어져 나간 문짝, 무엇하나 제대로 남아있는 것이 없었다. 아름다운 모습으로 간직되어온 곳이 이처럼 변할 줄은 상상도 못했다. 대낮인데도 귀신이라도 나올 것 같이 으스스한 분위기였다. 대청마루 기둥에 〈주의 은혜로 종의 집이 영원히 행복하게 하소서〉라는 글자만이 희미하게 새겨져 있어 이 집이 종교인의 집이었음을 증명하고 있을 뿐이었다.

 폐가를 나오면서 그 마을 사람에게 들은 이야기는 큰 딸이 교통사고로 죽고 얼마 후 그 가족은 소리 소문 없이 어디론가 떠났다는 것이 전부였다. 나는 스산한 마음으로 어린 시절 한때 즐거웠던 시절을 떠올리며 그 집 대문을 나섰다. 그 집이 옛날 그대로 건재하리라고는 생각하지 않았지만 너무 흉하게 변한 모습에 가슴이 서늘해졌다.

 '고향에 돌아와도 그리던 고향이 아니다'라고 한 어느 시인의 말처럼 고향은 이미 고향이 아니었다. 풀피리 불고 반딧불이 쫓던 그런 고향은 이미 사라진 지 오래되었다. 마을은 귀농, 귀촌한 사람들로 바뀌어 있고 집들은 잘 단장되어 있으나 그 옛날의 어머니의 품처럼 따뜻하고 포근했던 느낌은 전혀 들지 않았다. 어느 작가는 고향을 상실한 것을 에덴동산에서 추방된 것으로 표현하고 있다. 그리하여 떠도는 구름 같은 존재로 마음속으로만 고향을 그리는 것이 아닌가 싶다.

 이제 고향은 추억 속에만 간직해야 하는가 보다. 추억이란 지금은 사라지고 없는 것을 그리워하고 아쉬워하는 것 아닌가. 그리움은 고된 생활을 이겨내는 힘이 된다고.

 그 어린 소녀들이 한 명은 일찍 세상을 떠나갔고 또 한 명은 이제 거동이 불편한 몸이 되어 지난 날들을 헤아리고 있다. 오늘따라 그녀가 보고 싶다. 느티나무 아래서 변해버린 마을과 폐가가 된 그 집과 그녀를 생각하다 허전한 마음으로 발길을 돌렸다. 매미 소리만 시원하게 울고 시간도 공간도 사라진 폐가에 바람이 분다. (2018)

건망증

 그것은 충격이었다. 건강검진 결과 인지기능 장애가 있다는 판정은 나를 혼란스럽게 만들었다. 요사이 부쩍 잘 잊어버리는 일이 잦아졌다. 뇌동맥 시술을 받은 후부터 더욱 심해져가는 것 같다. 그 전에도 기억에 문제가 생겨 망연자실해 한 일이 있었다.
 3교시 후 옆에 앉은 선생님이
"벌써 점심 시간이네요. 식사하러 가시지요' 했다." 주저하지 않고
"그러지요"
 아무 생각없이 식당으로 향했다. 배식을 받고 몇 수저 뜨는데 교무보조가 황급히 식당으로 들어와서는
"김 선생님 지금 감독 시간이에요. 교감 선생님께서 대신 감독 들어가셨어요"
 정신이 아득해졌다. 아침 조회시간에 시험 감독 교사가 몇 명 바뀌었으니 꼭 확인하고 임해달라는 말을 들었는데 그것을 깜빡 잊은 것이다. 있는 힘을 다해 4층까지 단숨에 뛰어올라 교실 뒤로 슬며시 들어갔다. 학생들은 시험지에 코를 박고 문제를 푸느라 정신이 없었다.

가슴은 콩닥콩닥 방망이질을 했다. 호흡이 제대로 되지 않는 것 같았다. 어떻게 시간이 지나갔는지 모르게 끝 종이 울렸지만 답안지를 걷을 수가 없었다. '문제 다 푼 학생은 답안지 제출하고 시간이 부족한 학생은 5분 더 주겠노라'고 했다. 다행히도 시간이 부족한 학생은 없었다. 시험 시간이 끝나고 교감 선생님 앞에 가서 죄송하다며 고개를 숙였다. 교감 선생님께서는 아무런 표정이 없이

"뭐 그럴 수도 있지요."

하시며 그 사건을 너그럽게 넘겼다. 분명히 징계감임에도 불구하고 아무런 말이 없었다. 쥐구멍이라도 있으면 숨어버리고 싶은 때가 바로 그 순간이었다. 차라리 문책을 받았다면 더 편했을지 모르겠다는 생각이 들었다. 두고두고 자책하고 후회하고 교감 선생님 대하기가 부끄러웠다.

그날 4교시 시험 시작 종이 울리고 5분 정도 지나자 한 학생이 교무실로 뛰어와서는

"왜 우리 반은 시험 보지 않냐"며 항의를 하여 감독 교사가 들어가지 않은 것을 뒤늦게 알게 되었다. 교무실에 남아 있는 교사가 없어 교감 선생님께서 감독에 들어가실 수밖에 없었다는 것이다.

또 한 번은 아예 수업 시간을 잊어버린 적이 있었다. 공문서 작성을 하면서 정신이 팔려 수업 시작종을 듣지 못하고 그대로 그 일만 했다. 공문서 작성을 끝내고 나니 수업은 이미 끝나 있었다.

무성한 건망증으로 인해 황당해 한 것은 그 후에도 계속되었다. 특

히 자동차로 인한 문제가 많았다. 출근을 하려는데 자동차 열쇠가 보이지 않았다. 있을 만한 곳은 다 찾아보았지만 찾을 수가 없었다. 시간은 촉박하고 찾는 것을 포기하고 나가려는데 열쇠는 신발장 안에 있었다. 한 번은 지인의 아파트를 찾았다. 주차할 곳을 찾아 이곳저곳 헤매다가 어렵게 주차를 하였다. 문제는 집에 가려고 차를 찾았으나 어디에 주차했는지 기억이 나지 않아 한참 동안 찾아다닌 적이 있었다. 한 번은 연극 관람을 하고 나와 가방을 뒤졌더니 자동차 열쇠가 없었다. 어디서 잊어버렸는지 기억을 더듬으며 다시 극장으로 들어가 좌석 주변을 찾았지만 없었다. 다시 차에 와서 차를 보니 열쇠는 자동차에 꽂혀 있었다. 밤이라 처음에 자세히 보지 않아 생긴 일이지만 자동차 열쇠를 빼는 것을 잊은 것이 실수였다. 어느 날은 자동차를 길거리에 주차해 놓고 여기저기 쇼핑도 하고 차도 마시고 돌아다니다가 택시를 타고 집으로 와서 그 이튿날 까지도 모른 채 지낸 일도 있다.

 그 외에도 손에 든 핸드폰을 찾으로 다니지를 않나, 가스렌지에 냄비를 올려놓고 잊어버려 태운 적도 한두 번이 아니다. 인터넷 사이트 비밀번호를 잊어버려 재가입하는 일은 다반사가 되고 있다. 지인들과의 약속도 잊어버려 난감해진 때도 여러 번이다. 뒤를 본 뒤 물을 내리지 않아 가족들로부터 날 센 비난을 받을 때는 정말이지 어디로 증발이라도 하고 싶어진다.

 날아가 버리는 기억을 붙잡기 위해 메모를 했지만 메모한 그 자체를 잊어버리는 것이다. 나 자신이 정말 싫어지는 때가 이런 때이다.

'업은 아이 3년 찾는다'는 속담이 있다. 참으로 허풍이 심하다고 했는데 내가 그 지경이 되어가고 있다. 기억해야 할 것들이 망각 저 편으로 사라져가는 것에 섬찟할 때가 자주 생긴다. 사라진 기억들이 다시 돌아오지 않을 때는 공포스럽기도 하다.

오늘 아침에 '아들이 저녁 먹고 올게요' 하고 출근을 했는데 그것을 잊어버리고 저녁밥을 지어놓고 기다리고 있으니 남편이 참 딱하다는 눈길로

"또, 깜빡했냐"/ "응, 그런가 봐 "

이제는 놀랄 일도 아니다. 자꾸 달아나는 기억을 어찌해야 할지, 총명탕이라도 먹어야 하는지. 처음 인지기능 장애 판정을 받았을 때는 받아들이기 어려웠지만 일련의 사건들을 보면 그것이 맞는 것 같다.
(2022)

4월엔

 살구나무가 꽃망울을 터뜨리기 시작한다. 폭죽이 터지듯이 피어나고 있다. 이렇게 봄은 화들짝 피어난다. 살구나무들은 병정들이 도열하듯 서서 꽃가지를 너울거린다. 며칠 동안 부드러운 바람이 불어오더니 죽은 듯하던 가지에서 연분홍 꽃잎이 저리도 고운 자태를 보여준다. 살랑 바람이 걸어와 나뭇가지를 툭 건드리자 꽃비가 내린다. 반가운 마음에 설레는 가슴을 안고 길을 나선다. 꽃그늘이 하늘을 가리고 있는 꿈속 같은 길을 천천히 걷는다. 발걸음이 가벼워진다. 무겁던 마음도 새털처럼 가벼워지고 바쁜 마음도 사라져 태곳적 마을로 들어가는 듯하다. 화사한 꽃길을 걷다 보면 마음도 꽃처럼 환해진다. 돈 안 들이고 보는 즐거움이다.
 내가 사는 이곳이 참 정겹다. 살구나무길이 있어서다. 연분홍 꽃이 휘날리고, 싱싱한 잎새가 춤을 추고, 다디단 열매가 풍성하고, 고운 단풍이 그렇게 좋을 수가 없다. 옛말에 산 좋고, 물 좋고, 정자 좋은 곳이 명당이라 했는데 이곳이 바로 그런 곳이 아닌가 싶다.
 지금은 꽃의 향연이 벌어지고 있지만 이제 곧 해가 길어지면 푸른 물이 뚝뚝 떨어지는 푸른 그늘로 그들의 이야기를 들려줄 것이다. 그러면 나는 푸른 그늘 아래서 몸을 쉬며 그들의 이야기를 들어줄 참이다. 머지않아 달콤한 열매로 결실의 기쁨을 한아름 안겨줄 그 나무들을 가슴에 품는다.

 살구나무에는 다른 생명도 깃들여 살고 있다. 또 다른 생명을 품고 있는 것이다. 이 산책길에는 여러 개의 까치집이 있다. 까치 둥우리를 바라볼 때마다 소리 없는 탄성이 절로 나온다. 까치들이 깃을 치며 나는 것을 보노라면 싱그럽고 풋풋해서 내 마음도 환해지는 것 같다. 때로는 뒤뚱뒤뚱 걷기도 하고, 폴짝폴짝 뛰기도 하고 그 작은 부리로 무언가를 콕콕 쪼는 앙증스러운 모습을 보노라면 그 작고 귀여운 몸짓에 마음은 완전히 무장해제 되고 만다. 내 어쩌다가 까치에게 행복과 위안을 느끼게 되었는지, 그 작은 생명들이 살아가는 모습에 경외감을 갖게 되었는지 도대체 모르겠다.

 까치는 텃새로서 3월에서 6월 사이에 알을 낳고 부화한다. 적응력이 강해 어디서나 잘 살며 우리나라 사람들에게 매우 친숙한 새로 알려져 있다. 까마귀과에 속하는 이 새는 사람의 얼굴을 구분할 줄 아는 영리한 새라고 한다. 미러테스트도 통과한 새로 6세 아이 정도의 지능을 가지고 있다고 한다. 「은혜 갚은 까치」설화는 한국인이면 모르는 사람이 없을 정도이고, 민화 「까치와 호랑이」는 우리 나라 사람이 가장 사랑하는 그림 중 하나이다. 옛말에 '까치가 울면 반가운 손님이 온다'는 희소식을 알려주는 전령사이기도 하다. 그래서인지 까치를 상징새로

지정한 지자체도 있으며 심지어는 국조로 지정한 나라도 있다. 새들은 가장 편안하고 안전한 곳에 집을 짓는다고 한다. 이곳의 살구나무는 그런 곳인가 보다. 나무의 덕을 보는 것 같아 흐뭇해진다. 새 둥우리는 나에게 편안함과 안정된 마음을 선사하기도 한다.

 이 길 위에서 가경천 너머로 지는 붉은 노을과 살구나무 가지 사이로 떠오르는 둥근달을 보며 지난 시절을 떠올린다. 어린 시절 산속에서 살 때 저승봉 위로 떠오르던 달과 많이도 닮았다. 어슴프레한 기억 한 조각이지만 산속 오솔길을 따라 길게 이어진 냇물도 지금의 가경천과 비슷하다. 그 먼 옛날의 오솔길, 오로지 두 발로 걸어야만 했던 좁은 길, 어머니의 가르마 같이 하얀 길, 그 길로 이어진 곳에 초가집 한 채. 그곳에서 할머니, 할아버지, 어머니, 아버지, 동생들이 함께 살았다. 그 마당 한구석에는 살구나무 한 그루가 있었다. 살구나무에 꽃이 피면 환한 등불을 켜 놓은 것 같았다. 때가 되면 할아버지는 맛있는 살구를 한 소쿠리씩 따서 우리에게 내어놓곤 하셨다. 그 상쾌하고 달콤한 맛은 할아버지에 대한 추억과 함께 영원히 잊을 수가 없다. 그 살구나무에는 벌이 살았다. 그 덕분에 우리 식구들은 꿀을 맛볼 수 있었다. 어린 시절 살구나무로 풍요롭던 옛 시골집이 그리워진다.

 살구꽃이 피는 이 봄은 계절이 주는 은혜로운 시간이다. 겨우내 겨울잠 자는 곰처럼 웅크리고 있다가 꽃이 핀 거리로 나오는 것은 축복이 아닐 수 없다

 살구나무길을 따라 오른쪽으로 가경천이 흐르고 있다. 흐르는지 고

여 있는지도 모르게 조용히 흘러간다. 병아리가 속삭이듯이. 세상은 빛보다 빠르게 휘몰아치는데 가경천은 진양조처럼 느리게 가고 있다. 소란스럽지 않다. 나더러 그렇게 살라고 하는 것 같이.

가경천은 충북 청원군 남이면 석실리와 석판리에서 발원하여 청주시 흥덕구 가경동과 복대동 사이를 지나 석남천이 되고 다시 미호강으로 흘러간다. 그리고 그 물은 금강으로 들어가서 군산만으로 흘러들어 물의 종착지 바다에 이른다. 가경천은 월천이라는 정식 명칭이 있다. 월천 마실길이 지금은 가경천으로 불리고 있다. 이곳은 밤이 되면 조명이 들어와 낮과는 또 다른 모습을 연출한다. 시민들은 이 낭만의 거리, 힐링의 장소에서 지치고 힘든 마음을 치유하기도 한다.

흐르는 길 따라 물도 흐른다. 부드러운 흐름을 따라 걷다 보니 상선약수上善若水라는 말이 떠오른다. '최고의 선善은 물과 같다'며 고대 철학자들은 우주 만물의 근원은 물이라고 했다. 물은 우주 만물을 이롭게 하며 다투지 않고 모든 사람이 원하지 않는 낮은 곳으로 흘러간다. 물은 세상 만물을 탄생시키고 생장하게 하는 생명수다. 위에서 아래로 흐르면서 막히면 돌아가고 기꺼이 자기를 낮추면서 가장 낮은 곳에 머문다. 둥근 그릇에 담기면 둥글게 담기고 네모난 그릇에 담으면 네모난 모양으로 담기듯 변화에 능동적인 유연성과 모든 생명이 있는 것들을 살아가게 해 주면서 그 자신은 어떤 상대와도 이익을 겨루지 않고 유유자적悠悠自適 낮은 데로 임한다.

상선약수上善若水는 이와 같은 물의 성질처럼 다른 사람을 이롭게 하고 도와주는 것에 아낌이 없으면서 자기를 주장하거나 군림하려 하지 말고 어떠한 상황에도 능동적으로 대처하는 삶의 자세를 가지라고 가르치고 있다.

고층 아파트, 8차선 자동차도로의 소음, 그 어수선한 곳에 살구나무 길과 가경천이 흐르고 있다는 것은 다행스러운 일이다. 그리고 이런 곳에 살고 있다는 것이 축복이 아닐까. 어느 시인은 '살구꽃 핀 마을은 어디나 고향 같다'라고 했는데 이곳이 그런 곳 같다. 고향 같은 곳에서 노후를 보내고 있으니 더없는 행복이지 싶다. 부드럽고 시적인 봄 길이 한없이 따스하다. 그 길은 어린 날의 나의 꿈길이었다.

다음 생이 있다면 나는 노부부가 살고 있는 집에 살구나무로 태어나고 싶다. 꽃을 피워서 위안을 주고, 열매를 맺어서 즐거움을 주고, 단풍으로 위무를 주는 그런 나무로. 그리고 마지막에는 그들 부부의 따뜻한 겨울을 위하여 나무의 인생을 마무리하고 싶은 마음이 간절하다.
(2024)

『단오풍정』

　오래간만에 붓을 들었다. 조선 후기의 천재 화가 혜원〈신윤복〉에 대한 소설『바람의 화원』을 읽다가 느닷없이 그림이 그리고 싶어졌다. 하여 전에 다니다가 그만 둔 민화교실을 다시 찾았다. 그리고 혜원의『단오풍정』을 그리고 있다.
　여름 더위가 시작되는 단옷날 아침이다. 집안에만 갇혀있던 여인들이 이날만은 밖으로 나가 억눌렸던 자유를 만끽한다. 녹색이 짙어오는 오월의 푸른 하늘 아래 푸른 빛이 감도는 물빛이 청량하다. 철철철 소리를 낼 것 같은 계곡에서 4명의 여인들이 목욕을 하고 있다. 그 모습이 생생하여 꼭 살아있는 것 같다. 윗저고리를 모두 벗어버리고 치마를 위로 걷어올린 반라의 모습이다. 성숙하고 풍만하다. 여인들은 주저하거나 부끄러운 모습은 커녕 당당하다. 모두가 가채머리를 하고 있는 것으로 보아 여염집 여인들은 아닌 것 같다. 하지만 당시의 기준으로는 한참 선을 넘은 모습이다.
　개울 건너편에 그네를 뛰는 여인의 모습이 보인다. 노란 저고리에 붉은 치마를 곱게 입은 여인이 그네를 타려고 왼쪽 발을 발판에 올려놓고 있다. 발랄하고 역동적인 풍경이다. 약동하는 단오의 모습을 명쾌하게 보여주고 있다. 한국적인 정서를 물씬 풍겨주는 멋스럽고 낭만적인 모습으로 그네 뛰는 춘향이의 모습과 오버랩 된다. 그 모습을 몰래 훔쳐보던 이도령이 수작을 걸어 남녀상열지사男女相悅之詞가 이루어지고 시대를 초월한 사랑이야기, 영원한 고전 『춘향전』이 탄생된다. 창공을 차고 나가 구름 속에 나부끼고 싶은 충동을 느끼게 하는 모습이다.

아름드리 나무 밑에 머리를 다듬고 있는 여인이 보인다. 곱게 땋고 있는 머리가 풍성하다. 길게 머리를 땋아 댕기를 드려 우아하고 아름답다. 조선시대 여인의 머리 모양은 신분을 나타내었으니 이 여인은 아리따운 처녀로 짐작된다.

보자기를 머리에 이고 어디론가 바삐 걸어가는 여인의 모습도 보인다. 민망하게도 가슴이 드러나게 짧은 저고리를 입고 청색 치마에 앞치마를 두르고 있는 것으로 보아 서민층 여인이 아닐까 추측된다. 이런 모습들이 당대의 복식과 생활상을 연구하는 자료가 된다니 중요한 그림이 아닐 수 없다.

이 모든 장면을 바위 뒤에 숨어서 엿보고 있는 두 명의 동자승들의 보인다. 그야말로 반전이다. 이들이 없다면 어떤 그림이 되었을까!

단옷날 여인들이 머리 감고 그네 뛰는 것은 일상적이라 할 수 있지만 그것을 엿보는 동자승이 있어 문제작이 된 것이다. 나무꾼이나 보통의 남자들이라면 아찔하여 눈을 질끈 감고 못 본 척 지나갔음직한 장면이다. 준엄한 계율을 배우는 동자승이 보아서는 안 되는 장면을 보며 허둥대는 모습은 보는 이로 하여금 웃음이 절로 나오게 한다. 해학이 숨어있는 익살스러우면서도 발칙한 작품이다. 유교적 상식을 훌쩍 뛰어넘는 그림이 아닐 수 없다. 근엄한 성리학자들 눈에는 그야말로 망측한 그림일 수밖에.

혜원은 조선 시대 3대 화가로서 도화서의 화원이었지만 남녀간의 춘정을 그려 격이 떨어진다하여 화단에서 쫓겨났다는 일화도 있다. 그가 만약에 유럽에서 태어났다면 비너스를 그렸을지도 모르겠다. 아니면 이브를 화폭에 담았을지도.

양반 귀족의 위선과 불륜을 대담하게 파헤치고 풍자하면서 성풍속을 과감하게 화폭에 담아낸 혜원의 그림 세계는 조선 화단에서는 이례적이라는 견해다. 남녀칠세부동석男女七歲不同席에다 여성의 얼굴을 남에게 보여서는 안 된다고 장옷을 입고 다니던 깜깜한 시대에 이런 그림을 그렸으니 깐깐한 유학자들에게 배척당한 것은 당연하지 않았을까 싶다. 정파적인 논리에 밝은 사람들이 어느 시대이건 득세하기 마련이니까.

혜원의 작품은 무채색만을 선호하던 조선 화단에 엄청난 반란이었으리라. 그는 양반층의 풍류와 남녀간의 연애, 기녀와 기방의 세계를 도시적 감각과 해학으로 펼쳐보이고 있다. 섬세하고 유연한 선과 원색의 산뜻하고 또렷한 색채 사용으로 조선시대 풍속화의 영역을 보다 다채롭게 넓혀 주었다는 평가를 받고 있다.

"이 그림은 자유를 억압하고 화려한 색을 지워가고 있었던 성리학의 나라 조선을 비판한다."
고 일갈한 누군가의 말에 깊이 공감한다.

그림이든, 음악이든, 글이든 예술작품은 자유가 없으면 죽은 것이나 다름없다. 자유로움은 모든 예술에서 가장 소중한 가치라고. 발칙한 자유와 규범의 파괴가 예술의 꽃을 피운다고 한다. 조선의 천재 화가 신윤복 그는 규율에 얽매이지 않은 자유로움으로 누구도 시도해보지 않은 자신만의 색으로 국보급의 작품을 그려내었다. 국보 135호인 〈해원풍속화첩〉속의 작품들은 국내는 물론 해외전시를 통해 외국에도 널리 알려져 있다.

현대의 민화작가라면 누구나 혜원의 그림을 그려보지 않은 이가 없을 것이다. 그는 그만큼 사람을 사로잡는 매력적인 작품들을 그려내었다. 「단오풍정」을 비롯하여 「미인도」, 「월하정인」, 「뱃놀이」, 「봄나들이」, 「탄금」 등은 당시 뿐만 아니라 현대인들에게도 사랑받는 작품들이다.

조선시대에 그린 그림들이 현대에 와서 사랑받는 이유가 무엇일까. 왜 민화작가들이 그의 작품에 환호하고 그의 작품을 그리고 있는 것일까?.

관료주의는 독창성을 파괴한다고 한다. 한때 먹물로 그린 무채색의 수묵화가 고상하고 예술적인 그림이라고 생각한 적이 있었다. 화려한 색을 쓴 그림은 유치하다고. 얼마나 부끄럽고 억지스러운 생각이었던가 싶다. 관념과 규율은 상대를 해치는 무서운 흉기가 될 수 있다고 한다. 그에 대한 저항은 발전한다는 증거가 아닐까.

민화를 그려온 지 20여 년 가까이 되었다. 목적의식이 있어서 그리는 것이 아니다. 그냥 좋아서 그리는 것이다. 무료하거나 지루할 때 민화를 대하면 마음이 편안해진다. 화려한 색채, 유치하다고 할 만큼 현란한 민화가 나의 시선을 사로잡는다. 형형색색의 색채가 눈을 시원하게 적셔준다.

어느 날 역사에서 홀연히 사라진 혜원이 참 그리운 시간이다. 단오 그림이 마무리되어 가고 있다. 다 그린 그림은 배접을 거쳐 우리집 벽 어느 한쪽에 걸리게 될 것이다. 그러면 나는 그 그림을 보며 조선의 천재 화가 혜원 신윤복을 생각하고 그림의 해학적인 모습을 보며 웃음 지을 것이다.

오늘도 색을 입혀가고 있다. 새하얀 한지 위에. 그리고 인생이라는 도화지 위에 내 삶을 그려가고 있다. (2023)

2부

이집트 사막투어

이상한 나라 인도

오래전부터 인도를 여행하고 싶었다. 불교의 발상지, 간디와 타고르의 나라, 갖가지 종교와 철학이 탄생하고 꽃피운 나라, 신화와 전설이 무궁무진한 나라, 그 신비로운 나라에 대한 호기심이 많았다. 우리가 사는 지구별에서 인도만큼 신비로운 나라는 그 어디에도 없을 것 같다.

천의 얼굴을 가졌다는 인도에서 천 분의 일을 보고 왔다. 인도는 볼 것이 많은 나라다. '인도를 1개월 여행하면 한 권의 소설을 쓰고, 6개월을 여행하면 수필을 쓰고, 1년 이상을 여행하면 아무것도 쓸 수 없다'는 말이 있다. 알면 알수록 몰라서 미궁 속에 빠지고 만다는 것이다. 처음에는 모든 것이 신기하고 이해가 안 되지만 인도를 여행하면 결국에는 먼지까지도 사랑할 수밖에 없다는 것이다. 그래서일까 인도에는 유독 한국 관광객이 많았다. 여행객의 80%을 차지한다나. 특히 불교 성지로 한국인들이 즐겨 찾는 곳이기도 하다.

인도에 가면서 가장 관심을 가진 것은 종교였다. 가끔가다 종교분쟁이 일어나고 종교로 인해 테러 사건이 일어나는 곳이기도 하며 종교로 인해 고통받는 사람들이 너무도 많다는 것을 들었기에 그것을 확인하고 싶었다. 특히 힌두교에 뿌리를 둔 인도 특유의 신분제도인 카스트제도가 어떻게 인간을 옭아매어 그들의 삶을 불행하게 만드는가를 정확하게 알고 싶었다. 카스트제도는 인도에서 오래 전에 폐지되었고, 1950년에 제정된 인도의 헌법에는 천민인 달리트도 평등한 권리를 누리도록 보장되었지만 대를 이어온 뿌리 깊은 관습은 여전히 인도 사회를 지배하고 있다고 한다.

종교의 이름으로 행해지는 타인에 대한 착취와 억압과 무시를 당연히 여기고 있는 것은 정말 이것이 인간인가 하는 의구심이 들었다. '내가 죽고 또 다시 태어난다면 카스트제도가 사라질까요' 어느 불가촉천민의 한이 서린 말을 어디선가 들었다.

힌두교는 윤회와 환생을 기본으로 하고 있다. 교리는 살아 있을 때에 순종하고, 지은 죄를 인정하고, 죽을 날만 기다리는 참혹한 형상을 강요하고 있다. 그런데 달리트는 카스트에도 끼지 못하는 사람들로서 환생을 할 때 모든 사람이 순서대로 환생하고 난 후, 자리가 남으면 환생을 한다는 것이다. 말 잘 듣고 하던 일이나 잘하면 죽어서 상위계급으로 환생한다는 것이 힌두교의 교리라고 한다. 힌두교에 관해 보고, 듣는 모든 것이 이방인에게는 불편하기만 했다.

인도에서 힌두교의 모습을 가장 적나라하게 보여주는 곳이 바라나시다. 바라나시에는 인도의 생명이며 어머니인 성스러운 갠지스강이 흐르고 있다. 갠지스강에는 강변에서 강으로 이어진 계단이 있다. 이

곳이 유명한 힌두교의 화장터이며 화장한 유골을 바로 강으로 쓸어버리는 장소이기도 하다. 바라나시는 신의 도시이며 죽음의 도시이고 동시에 생명의 도시이기도 하다. 가장 거룩한 도시 가장 종교적 성향이 강한 도시가 바로 그곳이다.

갠지스강 주위에는 인도 전역에서 모여든 다양한 계층의 순례자들로 아수라장을 이루고 있다. 이곳에서는 오직 성스러운 강물에 몸을 담가 죄를 소멸하고 천상에 태어나려는 사람들로 항상 북적이는 곳이다. 갠지스강은 신격화 되어 있어 인도인들에게는 가장 성스러운 곳으로 알려져 있어 이곳에서 인도인의 삶과 죽음을 엿볼 수 있다.

그날도 바라나시 강변의 〈죽음을 기다리는 집〉에는 수많은 노인들과 병자들이 죽기만을 기다리고 있었다. 이들은 단지 하나의 목적으로 살아간다. 죽어서 갠지스 강변에서 화장된 뒤에 수장되어 천상에 태어나려는 것이다. 인도인들의 사후 세계에 대한 의지는 모든 종교가 그렇듯 죽음마저도 또 다른 삶이라고 굳게 믿고 있다. 이것은 믿는 사람들에게만 해당되는 논리이지 믿지 않는 사람들에게는 이방인의 진풍경일 뿐이라는 생각이다.

갠지스 강변에 있는 화장장의 연기와 이상한 냄새는 종교적인 것이 아니더라도 영혼이 떠돌아다닐 것 같은 묘한 분위기를 풍겼다. 네팔에서 본 화장장의 모습도 이와 꼭 같았다. 무언가 신령스러운 물체가 떠돌아다녀 종교를 믿지 않는 나에게도 알 수 없는 두려움 같은 것이 슬그머니 전해져 왔다.

카스트 제도를 알게 되면서 왜 인도에서 불교가 태어날 수밖에 없었는지 알 수 있을 것 같았다. 사람들은 심한 고통을 받을 때 자신들을 구해 줄 메시아를 기다린다. 그것이 삶의 위안이며 삶의 원동력이기 때문이다. 카스트 제도에 묶여 고통과 차별, 기아, 착취, 질병 등이 절정에 이르렀을 때 〈싯다르트〉의 등장은 구세주 같은 존재였으리라. 그는 인간은 태어날 때부터 평등하다고 외쳤다. 그의 일생은 날 때부터 죽을 때까지 혁명적이었다. 카스트제도에 익숙한 힌두교도인에게 〈싯다르타〉의 사상은 엄청난 반역일 수밖에 없었다.

〈싯다르타〉에 의해 태어난 불교는 향후 200여 년 가까이 전성기를 맞았으나 이슬람의 침공으로 쇠퇴의 길을 걸었다. 아쉽게도 지금은 신도들이 5%도 되지 않는다고 한다. 존재와 존재 사이의 평등, 인간이든 동물이든 차별이 없다는 불교사상 그 자체는 참 매력적이다.

올바른 종교는 믿는 사람들의 삶에 활력을 불어넣어주고 보다 행복하고 풍요로운 삶을 누리게 해 주어야 하는 소명이 있다고 본다. 생명의 가치를 소중히 여기는 사회를 만드는 것이 종교인들이 해야 할 일이라고 볼 때 힌두교는 인간에 대한 기본적인 예의가 없는 것 같다. 신분이 낮은 사람을 벌레 취급하고, 인간의 삶을 억압하고, 불행하게 만드는 종교, 이러한 야만적이고 비윤리적인 제도는 인간이 취할 종교는 아니라고 생각된다. 힌두교의 교리가 일부 인도인들을 나약하고 의지 없는 인물로 만드는 것 같다는 생각을 지울 수가 없다. '신화적 색체가 강할수록 야만적이고 비이성적 종교이며 특히 내세관을 과장되게 선전하는 종교일수록 부패하고 타락할 수밖에 없다'는 누군가의 말이 생각난다.

　과연 다른 종교는 정말로 인간의 삶을 행복하게 해 주기만 할까. 내가 보기에는 정도의 차이는 있을지언정 인간의 삶을 피폐하게 만드는 종교가 곳곳에 존재하고 있다. 자기네 종교만이 옳다고 믿고, 다른 종교에 대해 배려 없는 배타성을 지닌 종교가 얼마나 많은 사람들을 불행하게 만들고 있는지 알 수가 없다. 종교를 믿지 않으면 지옥에 간다고 공갈, 협박하는 종교인들이 내 주위에 있는 것을 보면 말이다.
(2018)

힐링 여행

　라오스로 떠났다. 외국인이 가장 가고 싶은 여행지, 최고의 비경을 자랑하는 곳이라는 메스컴의 유혹에 설레는 마음으로 여행 가방을 챙겼다. 라오스는 나의 옛 고향 같은 곳이었다. 문명의 혜택을 내려놓고 타임머신을 타고 떠난 과거로의 여행이었다. 라오스는 뉴욕타임즈가 선정한 세계여행지 1위라고 하지만 사실 우리나라 사람들에게는 그다지 알려지지 않은 나라이다. 특히 사회주의국가라는 것에 애정이 가지 않았다.
　라오스는 남북한 합친 것보다 약간 넓은 영토에 인구는 700만 정도인 땅에 여러 종족이 함께 살아가고 있다. 날씨 탓인지 종교 탓인지 삶이 여유롭고 느긋하다. 바쁜 것이 전혀 없다. 이곳만은 시간이 흐르지 않은 것 같다. 그냥 한적하게 쉬어가기 좋은 무공해 휴양지다. 라오스는 아열대 지역이라 사시사철 푸르름을 자랑하고 있으며 모든 계절이 다 여행하기 좋은 곳이다. 라오스를 대표하는 주요 관광지 비엔티엔과 옛 수도인 루앙프라방과 소계림이라 불리는 방비엥을 여행하였다.
　비엔티엔은 새벽 일출이 아름답고 최고의 사원과 대통령궁이 있으며 다른 도시에서는 만날 수 없는 불교 국가로서의 라오스를 맛볼 수 있는 곳이었다.

　루앙프라방은 느긋하고 평화로운 도시로 나그네들의 쉼터로 각광받고 있다. 옛 왕국의 수도로 불교의 중심지였으며 라오스 왕정이 폐지될 때까지 라오스 왕이 머물렀던 유서 깊은 도시로 알려져 있다. 이곳은 메콩강 유역에 위치해 있으며, 도시 전체가 유네스코지정 도시로 역사적, 예술적, 문화적 유적을 간직하고 있다. 이곳에 위치한 사원은 황금으로 도금을 하여 형언할 수 없을 정도로 화려했다. 라오스의 마지막 왕이 살았던 왕국 박물관은 호화로움의 극치였다. 대리석에 자개로 조각을 한 벽면과 천정은 황홀한 정도로 아름다웠다.

　루앙프라방에는 라오스에서 가장 아름답다는 광시 폭포가 있다. 천연석회암 지형으로 규모는 작지만 중국의 구체구를 연상케 하는 신기한 청자빛 물빛으로 선계가 바로 이런 곳이 아닌가 할 정도로 가슴 뛰게 하는 절경이었다. 이 폭포는 여러 단계의 계단식 폭포로 이루어져 있고 시원한 물줄기가 마음을 상쾌하게 해 준다. 폭포로 오르는 길은 열대우림 지역으로 되어 있어 그 경관이 장관이다. 아름다운 폭포 앞에는 폭포를 관람할 수 있는 구름다리가 놓여 있어 관람하기가 좋았다. 구름다리를 건너면 폭포가 시작되는 산 정상으로 등산할 수 있는 길이 있는데 너무 가파른 길이라 오를 수가 없었다.

　루앙프라방에서 본 것 중 잊을 수 없는 광경은 스님들의 탁발행렬이었다. 새벽 해뜨기 직전 어둠이 가시는 순간, 수많은 관광객들이 도로에 앉아서 지나가는 스님들에게 갖가지 먹을거리를 제공하는 의식이었다. 끝이 보이지 않는 광광객의 행렬과 탁발 스님들의 행렬은 그야말로 장관이었다. 그렇게 스님들이 많은 것을 본 적이 없었다. 꼭 영화의 한 장면 같은 느낌을 받았다. 음식을 제공하는 사람들은 대부분 한국 관광객들이었다. 탁발물품들을 파는 사람들이 줄을 이었고, 거기에 참관하려는 사람들이 밀려드는 것이 상품홍보와도 같은 느낌이 들었다. 미얀마에서 행하는 탁발을 보았지만 차원이 달랐다. 미얀마에서는 관광객이 탁발에 직접 참여하지는 않는다. 마을 주민들이 스님들에게 먹을 것을 제공하는 수준으로 소박하였다. 그러나 라오스의 탁발은 완전히 관광 상품이 되어 있었다. 라오스에는 스님이 많았다. 국민의 90%가 불교인이라니 그럴 만도 하다. 도시 전체의 10%는 사원이 차지하고 있을 정도로 어디를 가나 불교 사원이 있다.

  라오스의 마지막 여행지는 국립공원으로 지정되어 있는 방비엥이었다. 방비엥은 소계림으로 불릴 정도로 아름다운 작은 도시다. 주위를 둘러싼 산들의 지형으로 인하여 내가 꼭 산수화 속에 들어와 있는 것 같은 착각에 빠지게 하는 신비로움을 간직하고 있다. 방비엥은 세계 각지에서 온 배낭객들로 북적였다. 주민보다 여행객이 더 많은 곳이란다. 혹자는 방비엥이 라오스에서 가장 볼만한 곳이라고 한다. 이곳은 〈블루라군〉이라는 작은 호수가 있는데 바다가 없는 라오스 사람들과 세계 여행객들에게 가장 인기 있는 곳이라고 한다. 에메랄드 빛의 물빛이 매우 인상적이었다. 이곳을 가기 위해서는 자전거나 오토바이 아니면 뚝뚝이를 타고 가야 했다. 뚝뚝이는 택시와도 같은 교통수단 중 하나인데 앞은 오토바이이고 뒤는 트럭처럼 만들어서 마치 오토바이와 트럭 뒷부분을 연결해놓은 것처럼 생겼다. 도로는 포장이 되어 있지 않아 흙먼지가 뽀얗게 날리고, 소들이 떼를 지어 지나가기도 하고, 닭과 오리들이 지나가기도 한다. 그 옛날 미루나무가 늘어진 길을 타박타박 걸어 학교에 다녔던 생각이 새록새록 났다. 블루라군은 나뭇가지에 매달린 줄 그네를 타고, 나무 위에서 물 속으로 곧바로 다이빙을 하는 곳으로 세계인들이 호기심으로 와서 즐기는 곳이다. 이외에도 블루라군에는 짜릿한 짚 라인을 즐길 수 있는 코스가 있다. 나무와 나무 사이에 메어진 가느다란 쇠줄을 타고 숲사이를 날아다닌다. 꼭 타잔이 된 듯한 느낌이었다. 군인들이 훈련하는 모습은 보았지만 직접 해본 것은 처음이었다. 엉성하게 매어 놓은 줄과 안전장치 하나 없이 가느다란 줄에 생명을 맡기는 것이 불안하기도 하였지만 짜릿한 순간들이었다.

 호텔 앞에 남쏭강이 흐르고 다리가 하나 놓여 있다. 흥미로운 것은 그 다리를 건널 때는 1달러를 지불해야만 통과할 수 있다. 다리를 놓은 마을에서 받는 것이라고 한다. 이름하여 통행세란다, 우리 나라의 고속도로통행료라고나 할까. 아무리 그래도 다리 하나 건너는데 통행세라니 웃어야 할지 울어야 할지. 그 다리를 보며 아침 식사를 했다. 식당은 정원 안 강가에 있었다. 식당 주변에 아름드리 나무들이 줄지어 있는 곳이다. 문도 없고 벽도 없는 탁 트인 식당이었다. 거대한 보리수 고목나무, 물소리 새소리가 들리고, 나뭇잎 사이로 아침 햇살이 눈부시게 쏟아지는 동화같은 분위기에서 이틀 동안 식사를 했다. 상큼한 시간들이었다.

라오스의 1인당 국민소득은 700달러 정도로 세계 최빈국 수준이라고 한다. 그러나 여유롭고 한가하다. 수도 비엔티엔은 좁은 도로에 자동차와 오토바이가 뒤섞여 북새통을 이루지만 경적소리가 없다. 6일 동안 여행하면서 자동차 경적 소리를 들은 적이 단 한 번도 없다. 나 같으면 길고 힘차게 여러 번 울렸을 상황을 그들은 느긋하게 즐기고 있었다. 정말 신기할 정도였다.

라오스는 핸드폰이 터지지 않는 지역이 대부분으로 문명의 혜택이 들어와 있지 않은 곳이 많았다. 라오스 여행은 과거로의 추억여행이 되었다. 내가 만난 사람들은 순수한 자연처럼 순박하고 평화로워 보였다. 원시 자연의 모습을 그대로 간직한 곳으로 개발이 이루어지지 않은 순수의 땅이다. 유명한 관광지로 가는 길도 제대로 정리된 길이 아니다. 논두렁길, 밭두렁길을 지나 좁은 마을길을 지나가야 한다. 마을길에는 소도 다니고 돼지도 다니고 수십 마리의 토종닭도 종종거린다. 모든 것이 거칠지만 친근감이 느껴졌다. 그저 자연을 즐길 뿐이다. 다른 교통 수단이 없어 학생들은 모두 자전거나 오토바이를 타고 다닌다. 느긋하고 여유롭다. 이런 곳이 더 이상 변하지 않고 그대로 존재했으면 하는 마음이다. 라오스는 순수하고 건강한 삶의 기운을 느끼게 해 주는 그런 곳이었다. 나는 순수의 땅 라오스에서 진정한 평화는 이런 곳이 아닌가 하는 생각을 해 보았다.

 짧은 여행을 통해 라오스의 여유와 자연을 한껏 품고 한국으로 돌아왔다. 지금도 눈을 감으면 라오스의 경치가 바로 어제 경험한 일인 양 선명하게 떠오른다. 흙먼지가 폴폴 날리는 시골길을 달리던 기억, 아름다운 사원과 건물들, 이국적인 풍광을 마구 뽐내던 라오스의 자연, 그리고 순박한 사람들의 미소까지. 이번 여행은 문명의 혜택을 잠시 내려놓고 때묻지 않은 야생의 자연과 함께 한 마음이 편안한 힐링여행이었다. (2018)

로까곶을 다녀와서

 유럽의 땅끝 마을 〈로까곶〉을 다녀왔다. 〈리스본〉에 있는 이곳은 황량한 대서양과 해안 절벽이 만나 아름다운 절경을 선사하는 곳이다. 바다 쪽으로 가면 내가 바다 한가운데 들어와 있는 착각을 느낀다. 타원형의 아스라한 수평선은 감탄사가 절로 나온다. 유라시아 대륙의 서쪽 끝, 옛날 사람들은 이곳이 세상의 끝이라고 생각했단다. 해발 140m 절벽 위인 이곳에는 세찬 바람이 불고 있다. 모자, 안경, 머플러는 그냥 날려버린다. 발을 옮기기 힘들 정도의 바람이 분다. 가파른 절벽 끝에서 아래를 내려다보면 현기증이 날 정도로 아찔하다.
 이곳에는 포루투갈의 대표적인 서사시인 루이스 까몽이스(1524-1580)의 글귀가 십자가 돌탑에 새겨져 있어 그 시대를 살아간 사람들의 지구관을 엿볼 수 있다.
 "여기 땅이 끝나고 바다가 시작된다."
 〈로까곶〉은 십자가 돌탑과 등대 그리고 관광 안내소 등 현대 문명과는 거리가 먼 시간이 멈춰버린 것 같은 느낌을 주는 곳이다. 〈로까곶〉에서 바라본 바다는 그야말로 망망대해다. 대서양에서 불어오는 바람에 파도가 흰 포말을 일으키며 가파른 암벽에 부딪히고 사라지기를 반복한다. 억겁의 세월 동안 깎이고 깎인 절벽 위 이곳은 황량하기 그지없어 나무가 자라지 못한다. 그저 땅에 납작 엎드려 자라고 있는 풀들만이 넓게 퍼져 있을 뿐이다.

바다와 접해 있는 마을에는 어느 곳이나 애닮은 전설과 노래가 있는 것 같다. 이곳 리스본에는 '파두'라는 노래가 있다. 주로 식사 도중 음식점에서 듣는다는 노래로 바다에 나가 돌아오지 않는 남편을 그리워하는 여인의 처연한 삶이 배어있다고 한다. '파두'는 운명이란 뜻을 품고 있으며 하늘 아래 가장 슬픈 노래라고 한다. 우리의 '아리랑'과 같은 노래라고 할까. 비 오는 리스본 거리에서 듣는 '파두'는 마음을 촉촉하게 적시며 애절하게 들렸다. 비가 내리는 낯선 거리를 걷는 길에서 비감에 젖기도 했지만 낭만적이라는 생각이 들기도 했다.

낯선 풍경을 보며 행복감을 느끼는 것은 여행이 아니면 맛 볼 수 없는 것이 아닌가. 아름다운 풍경을 보는 순간 놀라운 경험을 하고, 위대한 자연 앞에서 겸손을 배우기도 한다. 〈이과수폭포〉나 〈그랜드캐년〉 등을 볼 때는 대자연의 웅장함에 무릎을 꿇지 않을 수 없고 인간이 얼마나 나약한 존재인가를 알게 되고, 피라미드나 만리장성을 보면 인간이 얼마나 위대한 존재인가를 느끼기도 한다.

여행을 하면서 몰랐던 세계를 보고 감탄을 하며, 나 자신이 얼마나 보잘것 없는 존재임을 알게 되고, 겸손하게 살아야겠다고 다짐을 하기도 한다. 여행은 숨겨진 보석을 찾는 것이라고 했던가. 그 보석을 찾아 행복을 느끼는 것이지 싶다.

  나는 오늘도 꿈을 꾼다. 세계에서 가장 아름답다는 남아공의 열차를 타고 가며 일출과 일몰을 보고 싶다. 열차 안에 있는 식당에서 식사를 하며 사자, 기린, 코끼리, 호랑이들을 보며 여행하는 꿈을 꾼다. 또한 남미대륙의 잉카제국의 융성과 몰락을 볼 수 있는 '마추픽추'에 가서 그곳을 걸어보는 꿈을 꾼다.

  이제 나는 어디로 여행을 떠날까. 오늘도 여행이 가고 싶어 세계지도를 펴 놓고 가슴 설레는 행복한 고민을 하고 있다. (2019)

소록도 연가

　작은 사슴을 닮았다는 섬 소록도. 이름은 예쁘지만 진하디진한 아픈 역사를 품고 있는 섬이며 한센병 전문병원인 〈국립소록도병원〉이 있는 곳이다. 소록대교가 건설되기 전에는 육지와는 격리된 외로운 섬이었다. 해안도로를 따라 푸른 소나무 숲과 파란 바다를 끼고 있어 경치가 아름답고 평화롭기 그지없어 보인다. 그러나 그 길에는 뼈아픈 섬의 사연들이 적힌 현판들이 곳곳에 서 있어 보는 이의 가슴을 아리게 한다. 그곳의 돌 하나 나무 한 그루조차 예사롭게 보이지 않는다. 모든 것이 아픔이고 슬픔이었다.
　소록도는 섬 전체가 병원이다. 외부인은 일부 개방된 구역만을 그것도 정해진 시간 동안만 탐방이 가능하다. 특히 마을은 생활치료센터 또는 요양원 역할을 하므로 병원의 허가를 받은 자 외에는 일절 출입을 할 수가 없다.
　국립소록도병원은 100주년을 맞아 한센병 박물관이 개원되어 그들의 삶과 애환을 알 수 있게 되었다. 일제강점기 인권탄압의 상징이기도 한 이곳은 당시의 흔적들이 고스란히 남아 있는 역사의 현장이기도 하다.

　검사실과 감금실은 보는 이의 분노를 자아내게 하는 곳이었다. 검사실은 1935년 봄에 건립된 곳으로 한센병 환자들의 시신을 해부했던 아픈 역사를 지니고 있는 장소이다. 검사실 내부에는 당시 사용했던 해부대가 과거의 슬픈 역사를 간직한 채 남아 있다. 감금실은 환자들을 구금하고 체벌을 가했던 곳으로 강제로 정관수술을 당했던 장소다. 금식과 체벌 감시와 강제 노역으로 인간이 아닌 짐승보다 못한 학대를 받은 비인간적인 장소이기에 보는 것만으로도 등골이 오싹해지는 느낌이 들었다. 이 검사실 앞에는 25세 젊은 나이에 정관수술을 받아야 했던 환자의 애절한 시가 있어 읽는 이의 가슴을 저리게 한다.

　이 섬에는 소록도 최고의 명소 중앙공원이 있다. 멋드러진 소나무와 향나무들이 잘 깎은 잔디와 조화를 이루어 아름답기 그지없다. 보는 사람마다 감탄을 연발하는 곳이다. 이 공원은 1936년 12월부터 3년 4개월 동안 연인원 6만여 명의 한센병 환자들이 강제로 동원되어 조성되었다고 한다. 암울한 시기 강제동원 된 환자들은 채찍을 맞아 살점이 찢기는 고통을 참아내며 땅을 파고 흙을 퍼 나르고 나무를 심어 이루어낸 곳이다. 누구를 위한 공원이었는지 묻고 싶다. 이렇게 환자들에 의해 〈등대〉와 〈종루〉가 건설되고 〈납골탑〉, 〈선착장〉 등이 세워졌다. 섬 안에 시설물이 한 가지씩 늘어갈 때마다 환자들의 희생은 커지고 소록도는 무덤과 지옥으로 변해갔다.

　환자들을 위한 천국이 아니라 자신들을 위한 천국을 건설하려 했던 역대의 병원장들은 자신의 명예욕과 과시욕 때문에 환자들을 혹사시키는 만행을 저질렀다는 설명이다.

태평양 전쟁이 시작되면서 이곳의 환자들은 지옥 속에서 살아야 했다. 이 섬에서 전쟁 물자를 공출한 것이다. '스호' 원장은 환자들을 동원하여 각종 공사를 벌여 병든 환자들에게 끔찍하게 노역을 시켰다. 환자들은 벽돌공장에서 벽돌을 찍어 날랐고 소나무 숲에서 송진을 추출하여 공출했다. 그 와중에 '스호' 원장은 환자들에게 돈을 갹출하여 자신의 동상을 세우고 그 동상에 절을 하도록 지시하고 원장 찬가를 부르게 했다. 이처럼 그는 갖가지 만행을 저질렀다. 육체적 정신적 고통 속에 인권을 빼앗긴 채 절망적인 생활을 하던 환자들 중에 자살하는 사람들이 생겨났으며 굶주림과 학대에 지쳐 탈출을 감행하는 환자들도 있었지만 모두 실패하고 혹독한 대가를 치러야만 했다. '스호' 원장은 결국 환자의 손에 목숨을 잃고 만다. 그 일로 인해 수많은 사람들이 목숨을 바쳐야만 했다. 억울한 희생자들을 위한 84명의 추모비가 탐방객들을 숙연하게 한다.

병든 환자들을 치료는 해 주지 못할망정 강제노역을 시키고 학대하는 것은 인간이 해서는 안 되는 일이잖은가. 환자들은 그것이 어떤 병이든 치료하고 껴안아 주어야 할 대상이지 천대하고 학대할 대상이 아니다.

국립소록도병원 건물은 붉은색이다. 광장도 붉은색이다. 소록도에서 붉은색은 아픔이라고 한다. 그래서인지 붉은색으로 그린 벽화 사숨이 서러워 보인다. 아픈 몸과 마음으로 평생을 학대받고 천대받으며 살아가야 했던 한센인들의 통한의 절규가 들리는 듯하다.

한센병은 낫는 병이다. 그러나 오해와 편견 속에서 단절된 채 차별을 겪으며 강제노역, 폭행, 감금, 강제 낙태와 정관수술 등으로 그들의 존엄과 인권을 깡그리 무시당한 채 죽음보다 못한 삶을 이어가야 했다. 해방이 된 후에도 한센병 환자들은 사회의 냉대를 받으면서 억울한 죽음을 당하기도 했다.

"나는 나는 죽어서/ 바랑새 되어/ 푸른 하늘 푸른 들 날아다니며/ 푸른 노래 푸른 울음 울어 예으리"

"보리 피리 불며 봄 언덕 고향 그리워 피―ㄹ닐리리"

한센병 시인 한하운이 자유를 그리워하며 읊었던 「파랑새」와 고향과 인간 세상을 그리워하며 한센병으로 평생을 방황하며 삶의 애완과 향수를 그린 「보리피리」가 애잔하게 들려오는 듯하다.

〈국립소록도병원〉은 1916년 〈자혜의원〉에서 시작된 한센병 전문의원이다. 현재는 500여 환우들이 입원하고 있으며 연인원 1만여 명의 자원봉사자들이 봉사를 하고 있다고 한다. 특히 호주 출신 간호사 마리안느와 마가렛 수녀님의 헌신적인 봉사활동은 봉사자들에게 귀감을 주고 있다. 머나먼 타국에 와서 한센병에 대한 편견 해소와 환자에 대한 새로운 인식을 심어주고 한센병 퇴치와 계몽 활동을 한 거룩하신 분들이다.

중앙공원에는 〈세마비〉라는 애칭으로 불리는 공적비가 남아 있어 그

분들의 박애정신을 전하고 있다. 이분들 외에도 이곳 병원에서 평생을 바친 의료진들이 수없이 많다. 그분들의 인간에 대한 따뜻한 사랑에 절로 고개가 숙여지는 여행이었다.

　다시는 인간 세상에서 이처럼 억울하고 원통한 일이 없기를 기도하면서 착잡한 심정으로 어린 꽃사슴처럼 예쁜 섬 소록도를 나왔다. (2019)

황금의 나라

황금의 땅이라는 미얀마로 떠났다. 북풍이 불어오면 추위를 견디지 못하는 나는 가끔 동남아시아를 다녀오곤 했다. 이 세상에 매력이 없는 나라가 어디 있겠냐마는 오랜 시간 두고두고 생각나는 곳이 미얀마다. 찬란한 불교 문화를 꽃피운 나라, 어디를 가나 높이 솟아있는 황금색으로 빛나는 불탑들, 시간이 멈춘 듯한 정겨운 마을의 모습, 소달구지가 다니고, 소와 돼지들이 거리를 어슬렁거리는 곳, 여인들이 베틀에 앉아 베를 짜는 곳, 꼭 타임머신을 타고 과거로의 시간 여행을 떠나온 것 같은 곳이다.

미얀마에서 가장 큰 볼거리는 불교에 관한 것들이 아닐까 싶다. 대부분이 불교도인 이 나라에서는 어디를 가나 불상, 불탑들이 즐비하고 그 앞에 무릎을 꿇고 기도하는 사람들을 목격한다. 그들에게 불교는 삶이고, 생명이고, 신념이고, 사상이고, 그 모든 것으로 보인다. 그래서인지 유년기부터 모든 미얀마 남자들은 승려 생활을 체험한다는 것이다.

이 나라에는 신퓨(출가)의식이라고 하는 불교의식이 있다. 남자 아이들은 아홉 살이 되면 집을 떠나 절에 들어가 수행을 한다. 일종의 성인식과 같은 것으로 결혼식 다음으로 중요한 의식이라고 하는데 역사 깊은 전통의식의 하나라고 한다. 운 좋게 이 의식을 볼 수 있었다. 삭발을 한 아이에게 비단옷을 입히고 화려하게 장식한 자동차에 태워서 마을을 한 바퀴 돈다. 부모, 친지, 마을 사람 모두가 이 행사에 참여한다. 식이 끝나면 바로 절로 들어가 수행을 하게 된다. 기간은 본인의 의사에 따라 단기간, 장기간 아니면 평생 할 수도 있다. 그래서인지 미얀마 어디를 가나 승복을 입은 사람들을 만날 수가 있다. 나이 어린 승려들을 볼 때면 애잔한 마음이 들기도 했다.

 미얀마를 대표하는 여행지는 아무래도 〈바간〉이 아닐까. 우마차를 타고 들어간 〈바간〉은 유네스코 지정 세계문화유산 보호 지역으로 지정되어 있어 세계의 여행자들이 즐겨 찾는 곳이며 미얀마인들도 살아 생전에 한 번은 와보고 싶은 불교성지라 한다. 3,000여 개가 넘는 파고다들이 드넓은 벌판에 파노라마처럼 펼쳐져 있다. 거대한 사원과, 수많은 탑들이 황홀한 풍경을 선사해 주는 곳이다. 어이하여 이렇게 많은 탑들이 세워졌는지 상상해 보았다. 어쩌면 탑이나 사원을 만들어 자신들의 부귀영화를 꿈꾸지 않았을까? 끝없이 이어지는 들판 가득 서 있는 탑들의 전설과 신화 속에 사라져간 미얀마의 옛 영광을 그려보았다. 불국토를 꿈꾸었던 고대인들이 건설한 〈바간〉, 그곳에서 그 옛날 운주사 천불천탑의 전설을 떠올렸다. '천불천탑을 하루만에 세우면 새로운 세상이 열린다'하여 석공들과 동자승들이 탑을 세우는

데 일하기 싫어한 동자승이 일부러 닭울음 소리를 내어 석공들이 날이 샌 줄 알고 일을 멈추었다는 전설이다. 다양한 전설 속에 살아 숨 쉬는 운주사와 〈바간〉의 이야기는 현재 진행형이다. 예나 지금이나 태평성대를 꿈꾸는 것은 모든 나라의 바람이거늘 왜 인간들은 매일 싸우고 있는지 답답한 노릇이다.

동방의 정원도시라고 하는 〈양곤〉에 있는 〈쉐다곤 파고다〉는 미얀마의 역사와 문화를 상징한다고 한다. 황금의 언덕이라고 하는 이 파고다를 보면 우선 그 거대한 스케일에 놀라지 않을 수 없다. 100미터가 넘는 높이, 외벽에 붙여진 황금이 수십 톤이고, 탑의 상단에는 진주 등의 보석이 수천 개가 박혀 있으며, 다이몬드 1800캐럿으로 장식되어 있다고 한다. 세상에 이보다 더 화려한 건축물이 또 있을까. 난 아직은 보지 못했다. 세계 최초로 조성된 불탑으로 그 웅장함과 화려함은 세계 최고로 알려져 있다. 황홀경의 극치를 이룬다. 이 도시에는 이 파고다보다 더 높은 건물은 지을 수가 없다고 한다. 불교국가다운 발상이다. 그래서인지 도시는 나지막한 모습을 보이고 있으며 이 파고다는 양곤 시내 어느 방향에서나 다 볼 수가 있다. 밤이 되면 더 화려한 모습을 연출하는 곳이다. 64개의 황금불탑으로 에워싼 이 황금탑에 불빛이 비치면 이곳의 모습은 지구가 아닌 다른 행성에 와 있는 착각을 느끼게 한다.

미얀마의 모든 사원 안에서는 맨발로 다녀야 한다. 그만큼 경건해야 하는 곳이다. 경건한 모습으로 기도하는 사람들을 보면 그 엄숙한 분위기에 나도 모르게 합장을 하게 된다. 수많은 사람들이 촛불을 밝히고 기도를 하는 모습은 신비롭기까지 하다. 소원을 빌면 그 소원을 들어준다는 말에 나도 땅에 무릎을 꿇고 기도를 드렸다. 그것도 아주 간절하게.

134개 소수민족으로 이루어진 다민족국가라서 문제가 많기도 하지만 불교라는 종교를 매개체로 하나인 나라, 아시아의 숨겨진 보석으로 화려한 문화를 자랑하고 있는 나라가 미얀마다. 이 나라 사람들은 한국을 사랑하고 있다. 대부분의 TV 채널에서 한국 프로그램을 내보내고 있으며 한국인에게 매우 우호적이며 한국어를 배우는 젊은이들도 많다고 한다. 나도 덩달아 그들에게 무한한 애정을 보냈다.

황금빛으로 물드는 〈이라와디〉 강변에서 저녁을 먹으며 나라와 종교와 인간에 대하여 깊은 사색에 잠겼다. 한국인 현지 가이드는 이곳으로 여행을 왔다가 이곳의 매력에 빠져 이곳에서 현지 여자와 결혼을 하고 이곳에서 살고 있다. 그만큼 미얀마는 매력이 넘치는 나라다. 정감이 넘친다. 그림처럼 아름다운 작은 마을들, 그 마을 마다에 숨은 이야기들이 살아있는 곳이다.

그곳이 그리워진다. 뼈 마디마디가 시리는 날이 지속되고 있다. 방안에 웅크리고 앉아 시간만 보내다 보니 따뜻한 나라로 가고 싶은 생각만이 마음을 가득 채우고 있다. 코로나로 감옥 아닌 감옥 생활을 한 지도 벌써 2년이 되어가고 있다. 언제 방구석을 탈출할 수 있을지도 모르는 갑갑한 생활, 코로나가 가고 나면 다시 그곳으로 가고 싶다.

황금의 나라 미얀마로. (2018)

파고다 : 사원, 불탑

판문점에 부는 바람

　어느 해던가, 남북 정상이 남북 공동경비구역(JSA) 전체를 일반 관광객들에게 공개한다는 소식을 듣고 가슴이 콩당콩당 뛰었다. 남북의 두 정상이 나란히 손을 잡고 군사분계선을 넘나들었던 사건, 우리 국민은 물론 외신 기자들도 환호성을 질렀던 역사적인 순간이 있었다.
　이런 감동적인 순간을 보며 사십여 년 전 판문점을 견학했던 일이 떠올랐다.
　온 세상이 녹색으로 물들어 푸르른 날 우리 일행은 북으로 북으로 달렸다. 무장한 군인들과 마주해야 했고 저지선과 바리케이트를 지나가야 해서 긴장감이 감돌았다. 가는 곳마다 군인들이 차를 세우고 차에 올라와 인원점검과 신원확인을 하는 데에 기가 질렸다. 잘못하다가는 집에 돌아가지 못하는 것은 아닌가 하는 두려움이 생기기도 했다. 판문점 견학은 시작부터 돌아오는 순간까지 금기 사항이 너무 많았다. 전에 금강산에 갔을 때에도 그런 일이 많아서 '하지마' 관광이라고 웃었는데 이곳은 금기 사항이 훨씬 더 많았다.
　견학에 동행한 안전기획부 직원이 그 금지 사항을 수시로 알려주며 긴장감을 고조시켰다. '개인행동 절대 하지마라'. '군인들에게 말을 걸지 마라'. '아무 곳이나 손가락질 하지 마라'. '함부로 웃지 마라'. '금지된 곳(북측화장실)에 잘못 들어가면 북쪽으로 끌려간다'. '차에서 소지품은 가지고 내리지 마라' 등등. 자칫 잘못하며 견학은 고사하고 북으로 끌려갈 것 같은 두려움에 온갖 신경이 곤두서곤 했다. 군사정전위원회 회담장에 들어가서는 웃지 않을 수가 없었다. 회의실 탁자에 줄이 달린 마이크가 놓여 있는데 이 마이크를 기점으로 남북 분계선을 표시하고 있었다. 그 선 너머로 넘어가면 북으로 끌려간다는 것이다. 초등학교 시절 책상에 줄을 그어 놓고 짝꿍에게 넘어오지 말라고 투닥거렸던 기억이 나서 폭소를 터트리고 말았다. 그 험악한 분위기에 그런 실수를 해서 요원에게 끔찍한 수모를 당했다. 또한 〈돌아오지 않는 다리〉는 남으로든 북으로든 건너면 돌아올 수 없다는 곳으로 자유로운 이동이 불가능한 금지의 공간으로 되어 있어 그것을 보는 것 자체가 슬프기만 했다. 이 작은 나라에 이런 비극적인 공간이 존재한다는 것 자체가 어이가 없고 서럽기도 하였다. 더군다나 제3국의 군인들이 우리 땅을 지키고 있는 것이 너무 낯설다는 느낌이 들었다.

　전에 'JSA'라는 영화를 본 적이 있다. 공동 경비 구역이라는 특수한 공간에서 벌어진 총격 사건의 진실을 밝히는 추리극이다. 남한군과 북한군이 대치 상태에 있는 지역을 배경으로 남한 병사와 북한 병사의 우정을 나타내는 동시에 비극적인 결말을 통하여 분단 체제의 모순을 신랄하게 지적하고 있는 영화다. 남북 분단이라는 현실적이고 무거운 소재를 새롭게 해석하여 역사성과 오락성을 동시에 보여 준 수준 높은 작품이라는 평가를 받았다.

이데올로기의 최전선 공동 경비 구역은 남북한 대립의 긴장과 이산의 비애를 담고 있는 상징적인 공간으로 전쟁 가능성이라는 극도의 긴장감과 한반도 분단의 상처를 동시에 지니고 있는 장소다. 또한 남북한 직접 대화 및 교류의 장으로도 인식되어 온 곳이기도 하다. 휴전 협정이 맺어진 후 이수근 위장귀순 사건, 판문점 도끼만행 사건 등으로 1980년대 중반까지만 해도 긴장감이 감돌았던 세계에서 가장 군사적으로 위험한 곳이었다. 그랬는데 이제는 그곳을 자유롭게 다닐 수 있다니 격세지감을 느끼지 않을 수 없다.

몇 년 전에 미얀마를 여행하다가 미얀마 국제 공항에서 북한 사람을 만났다. 가슴에 김일성 뺏지를 달고 있었기에 금방 북한사람이라는 것을 알 수 있었다. 북한 사람을 그렇게 가까이서 마주한 것은 처음이기에 묘한 감정이 들었다. 가족들과 함께한 그는 중후한 중년의 남자로 세련되고 지적으로 보였다. 바로 옆 좌석에 앉았기에 물어보고 싶은 말이 참 많았다.

남한을 어떻게 생각하고 있는지. 남한을 제대로 알고나 있는지. 무슨 일을 하고 있는지. 미얀마에는 무슨 일로 왔는지 등등 알고 싶은 것이 너무나 많았지만 아무 말도 하지 못했다. 괜히 북한 사람 접촉했다고 간첩으로 몰릴까봐 겁이 났다. 소시민이기에, 겁이 많아서. 아니 그렇게 학습되어서, 북한과 관계가 있으면 무조건 반공법에 결려서 곤

욕을 당하는 것을 보아왔기에 순수하게 대화를 하고 싶었지만 아무 말도 못하고 침묵 속에서 수만 가지 질문을 할 뿐이었다. 이 땅에 정말 평화는 올 수 있다고 생각하는지 솔직한 그의 생각을 듣고 싶었지만 끝내 입을 다물고 말았다.

우리 나라 대통령이 북한을 방문할 때마다 화해 분위기가 조성되어 남북 왕래에 대한 기대로 흥분하고 했지만 다시 긴장관계로 되돌아가곤 했다. 남북한 지도자들에게 주어진 우리 민족의 최대 과제는 평화롭고 자유로운 땅을 후손들에게 물려주는 것이라고 모두들 생각하고 있는데 당사자들의 속내는 무엇인지 알고 싶다. 지도자들의 잘못된 판단으로 젊은 생명들이 애국이라는 미명하에 죽어가는 비극이 일어나지 않도록 하는 것이 사람 사는 세상에서 가장 중요한 것이 아닌가. 남과 북의 젊은이들이 서로에게 총을 겨누고 서로를 적으로 생각하는 나라를 만드는 것은 생각만 해도 끔찍하다.

앞으로 판문점에 어떤 바람이 불어올지 모르겠다. 자유의 바람이 불어올지 아니면 또다시 구속의 땅이 될지 알 수가 없다. 남북 공동경비구역(JSA)의 자유 왕래. 지금은 남쪽만 약속을 지키고 있지만 언젠가는 남북이 오갈 수 있는 곳이 되기를 꿈꾸어 본다. (2019)

백두산을 다녀와서

백두산을 오른다. 버스를 타고 가서 다시 지프차로 갈아타는 여정이었다. 백두산을 오르는 길은 험하기만 했다. 구불구불 요동치는 차안으로 먼지와 바람이 들이친다. 차창너머로 보이는 산자락에 키가 작은 잡목들과 야생화들이 지천이다. 산 아래에서는 청명한 날씨였는데 올라갈수록 안개가 짙어진다. 왠지 불안하다. 아니나 다를까. 정상에 올랐으나 기대했던 천지는 고사하고 옆에 있는 사람도 잘 보이지 않는다. '잘못하면 천지로 떨어질 수 있으니 조심하라'는 가이드 말이 다급하게 들려온다.

한 시간여를 기다렸으나 안개는 걷힐 기미가 보이지 않는다. 안개가 걷혀 천지개벽天地開闢의 신화를 보고자 했으나 그것은 희망사항일 뿐이었다. 어쩔 수 없이 다음 일정을 위해 허전한 마음을 뒤로 한 채 하산할 수밖에 없었다. 천지는 쉽게 모습을 보여주지 않았다. 천지를 볼 수 있는 맑은 날이 그리 많지 않다는 가이드의 말이 내일의 일정에 또 불안감을 안겨주었다.

이튿날 다시 백두산으로 향했다. 어제와는 다른 쪽 길을 택했다. 어제는 지프차로 정상까지 가서 편했는데 오늘은 버스로 간 후 걸어서 올라가야 하는 힘겨운 길이다. 이슬비가 내린다. '또 천지를 보지 못하겠구나' 하는 불길한 생각이 든다. 우리의 심란한 마음을 알았는지 가이드가 너스레를 떤다. 옛날부터 백두산에 오른 사람들은 반드시 목욕재계하고 글을 지어 제사를 지낸 후에 산에 올랐단다. 그렇게 해도 구름과 안개, 비바람이 몰아쳐서 천지를 볼 수 없었다고 한다. 백두산의 날씨는 변덕스러워 3대가 덕을 쌓지 않으면 맑은 날씨에 천지를 볼 수 없다며 호들갑이다.

얼마나 걸었을까. 한참을 걷다 보니 산 어디쯤에서부터인지 날이 개이고 푸른 하늘이 보이기 시작한다. 천지를 볼 수 있겠다는 희망에 가슴이 두방망이질 친다. 설렌다. 햇살이 들기 시작하자 주변 풍경이 보인다. 고산지대에서만 볼 수 있는 야생화들이 관광객을 반기고 비에 젖은 자작나무 숲에서 나는 흙냄새와 초록의 향기가 한층 싱그럽게 느껴진다. 이곳이 화산폭발지대였다는 것을 증명이라도 하듯 화산돌 사이사이에서 물기둥이 뿜어져 나온다. 물기둥을 따라 피어오르는 물안개와 주변 풍경이 어우러져 경이롭다.

산을 오르는 길 위의 풍경이 다양하다. 대부분의 사람들은 천지의 비경을 보기 위해 이 길을 가지만 삶을 위해 이곳을 오르는 사람들이 있었다. 가마꾼들이다. 두 명이 한 조가 되어 한 명을 태우고 힘겹게 산을 오르고 있는 그들에게 잠시 눈길이 머문다. 생존을 위해 땀을 흘리며 힘겹게 산을 오르고 있는 그들의 삶의 무게가 느껴져 가슴이 멍멍

해졌다. 그러면서도 한편으로는 그들을 필요로 하는 이들이 없다면 생존을 향한 한 축이 무너지질 수도 있다는 생각이 드는 것은 왜일까. 버겁지만 삶의 한 방편으로 그 일을 할 수밖에 없는 이들과 스스로는 오르지 못하지만 가마꾼들이 있어 그곳에 갈 수 있는 이들이 있다면 이 또한 서로 맞물려 살아가는 우리네 사람살이의 한 부분이 아닌가.

 드디어 정상이다! 사방의 모든 산이 모두 내 발 아래에 있다. 끝없이 펼쳐진 산맥을 바라보며 자연의 위대함에 감탄을 금치 못했다. 구름도 안개도 모두 사라지고 천지창조가 이루어지듯이 햇살이 내리쬐고 있다. 심연을 알 수 없는 푸른 호수가 신비롭게 펼쳐져 있어 천지의 속살이 낱낱이 드러나기 시작한다. 어찌하여 이곳에 이런 것이 생겨났는지 그저 놀라울 따름이다. 일행들이 모두 넋을 잃고 천지를 바라보며 함성을 토해낸다. 내가 용기가 있고 노래를 잘 불렀더라면 태극기를 들고 "동해물과 백두산이~" 하고 애국가를 불렀을 것이다.

 백두산의 비경은 마치 사람을 끌어들이는 마력이 있는 것 같았다. 구름 한 점 없는 날씨라서 병풍처럼 천지를 에워싼 봉우리들이 선명하게 드러난다. 호수는 둘레가 사십 리가 넘으며 수심이 깊은 화산호수로 알려져 있다. 언젠가 천지에 괴물이 산다고 크게 방송한 적이 있었다. 심연을 알 수 없는 그 깊은 곳에 꼭 무엇인가 있을 것만 같은 생각이 들기도 했으리라.

 우리나라 최고의 산 우리 민족의 영산에 올라 신비로운 천지를 보았다는 것 하나만으로도 뿌듯한 감동이 밀려왔다. 하지만 기쁨과 함께 슬픔도 같이 맛보아야만 했다. 우리의 산 백두산의 절반 이상과 천지의 60퍼센트가 중국의 땅이라는 말을 듣고 몹시 안타까웠다. 남의 나라에 가서야만 우리의 산을 볼 수 있다는 것이 그저 아쉽기만 하였다. 남북분단의 아픔을 다시금 되새길 수밖에….

백두산은 우리의 영산이지만 장백산이라는 이름으로 세계에 알려지고 있으며 백두산은 이름만 남아있는 실정이다. 휴전선이 무너져 백두산에 오를 수 있다면 중국에서 백두산을 보고 한탄하는 일은 없을 것이 아닌가. 그런 날이 오기를 희망해 본다.

백두산 기행은 자연의 아름다움과 역사적인 의미를 함께 한 소중한 경험이었으며 평생 잊지 못할 추억의 한 페이지였다. (2019)

정원 순례기

캐나다를 여행하면서 〈부차트 가든〉(Butchart Garden)을 관람하였다. 세계에서 가장 아름다운 정원이라고 하는 말이 무색할 정도로 아름다웠다. 빅토리아섬에 있는 이 정원의 식물들은 대부분 '부차드' 부부가 세계 여러 지역을 여행하면서 수집한 것이라고 한다. 석회암 체석장이었던 곳이 부부의 노력으로 아름다운 정원으로 다시 태어난 곳이다.

〈부차드 가든〉 속으로 들어가며 타임머신을 타고 에덴동산 속으로 빨려들어가는 듯한 느낌이 들었다. 지금까지 살면서 그토록 아름다운 정원을 일찍이 본 적이 없었다. 온 정원이 꽃으로 이루어져 있어 현기증이 날 지경으로 아름다웠다. 천상이 있다면 이런 곳이 아닐까 하는 생각도 들었다. 정원의 구성은 '선큰가든', '장미정원', '이탈리아정원', '일본정원' 등으로 주제별로 꾸며져 있다. 정원내의 화단마다 다 특색이 있는 식물로 디자인이 되어 있어 한층 더 아름다워 보였다.

끝이 보이지 않는 울창한 숲과 어우러진 아름다운 꽃들도 보는 이들의 감동을 자아내지만 그보다 더 감동스러운 것은 훼손한 자연을 원래대로 되돌려 주고 싶다는 '부차드' 부부의 꽃사랑이다. 쓸모없이 황량했던 체석장을 꽃에 대한 열정 하나로 그처럼 아름답게 가꿔낸 것이다. 100년이 넘는 역사와 함께 세계적 명성을 지니고 있는 이 정원은 그야말로 눈이 있는 대로 호강을 하는 경험을 안겨주었다. 장소마다 다르게 느껴지는 모습이 〈부차드 가든〉의 매력이다. 정원 안에 함초롬히 피어있는 꽃에서 퍼지는 향긋한 꽃향기가 마음까지 향기롭게 해 주는 힐링의 장소이다. 한여름이건만 차일구름이 일어 햇빛을 가려 주어 관람하기도 참 편했다.

〈부차드 가든〉을 벤처마킹했다는 〈아침고요수목원〉과 바다 위의 정원 외도 〈보타니아 해상공원〉을 둘러볼 기회가 생겼다.

〈아침고요수목〉)은 10만평 가량의 산지형 수목원이다. 이 정원은 아름다움을 넘어 현란하였다. 세계 각국의 정원과 식물원을 방문하면서 대한민국의 아름다움을 담은 한국 정원에 필요성을 느낀 원예학교 교수가 설립한 정원이란다. 염소를 키우던 묵정밭이 '한상경' 부부의 피나는 노력으로 별천지로 변한 곳이다. 경제적인 어려움을 많이 겪으면서도 정원을 가꾼 부부가 있었기에 자연을 사랑하고 꽃을 사랑하는 사람들이 즐겨 찾고 행복을 느끼는 곳이 되었다.

이곳의 명칭은 인도의 시성 '타고르'가 〈동방의 등불〉이라는 시에서 한국을 '고요한 아침의 나라'라고 한 데서 비롯되었다고 하는데 수목원의 이름이 매우 시적이다. 한국의 아름다움과 동양적 신비감 한민족의 고고한 얼의 의미를 고스란히 담고 있다. 이 수목원은 계절별, 주제별로 한국의 미를 느낄 수 있도록 세심하게 조성되어 있다. 잣나무나 구상나무, 주목 등이 있는 '침엽수정원', 한반도 모양으로 조성된 '하경전망대'에서 내려다 볼 수 있는 '하경정원'과 '한국정원', '허브정원', '분재정원', '석정원', '에덴정원' 등 20개의 주제 정원으로 구성되어 있다. 시가 있는 산책로, 탑골, 선녀탕, 천년향 등의 공간도 있다. 총 4,500여종의 식물을 보유하고 있으며 꽃이 없는 겨울에도 전기시설을 하여 꽃보다도 더 아름다운 모습을 연출하고 있다. 쓸쓸하고 적막했던 겨울 정원이 밤이 되면 대낮보다 더 화려한 불빛으로 다시 살아나 관광객들이 찬탄을 아끼지 않는다. 불빛과 정원의 조화는 태양빛에서는 볼 수 없는 또 다른 감성적인 모습으로 되살아나 관광객들의 관심과 사랑을 받고 있다.

〈부차드 가든〉을 돌아보며 놀라움과 부러운 마음이 있었는데 〈아침고요수목원〉을 보면서 우리나라에도 이런 곳이 있다는 것에 자부심을 느꼈다. 정말 신선이 사는 곳이 있다면 이런 곳이 아니었을까 하는 상상을 해 보았다.

외도의 〈보타니아 해상공원〉은 동화의 나라에서나 나올 법한 환상적인 섬이다. 아스라이 펼쳐진 비취빛 바다, 푸른 숲과 어우러진 기암절벽, 각종 아열대 식물, 지중해를 닮은 건물들, 이 모든 것들이 자연과 잘 어울려 관광객들의 넋을 빼앗는다. 외도는 국내 유일의 섬으로 된 바다 위의 공원이다. 하와이 같은 풍경이 나타나는가 하면 아마존 같기도 하고 프랑스 베르사이유 궁전이 펼쳐지는가 하면 그리스 신전이 나타난다. 천혜의 자연경관이 빚어내는 신비로움과 인간의 노력이

합하여 멋진 조화를 이루어 낸 섬이 이 외도이다.

　200여 종이 넘는 다양한 꽃들이 계절별로 피고 지고 있으며 섬 전체의 식물중 90%이상이 상록수로 조성되어 있어 늘 푸른 섬을 유지하고 있다. 그 많은 희귀종의 식물들과 이탈리아의 조각품 비너스상이 어떻게 이 섬으로 들어왔는지 그저 신기할 뿐이다. 이 정원의 압권은 비너스 광장이다. 프랑스식 정원으로 깔끔하게 꾸며진 파란 잔디 위의 조각품들은 숨이 막히게 아름답다. 섬 전체에 조용히 울려퍼지는 클래식 음악도 정원의 품격을 높여주고 있다. 외도는 어디를 찍어도 그림엽서처럼 아름다운 모습이다. 외도는 음악이 흐르고 조각상이 있고 아름다운 건축물이 있어 문화정원이라고 해도 될 것 같다.

　자연과의 대화를 하는데 도움이 되지 않는다 하여 이 섬에서는 음주, 흡연, 가무가 일체 허용되지 않고 있다. 이 섬을 만든 이창호 부부가 안타까워하는 것은 유행가에 맞춰 술 마시고 춤추는 것을 최고의 놀이로 아는 사람들이 있다는 것이다. 이 섬은 숙박시설이 없다. 잠시 피곤한 마음 내려놓고 여유와 안식을 찾기 바라는 곳이다. 이 섬은 자연의 아름다움을 거스르지 않고 이에 순응하면서 본래의 모습보다 더 아름다운 곳으로 만든 자연보호현장이기도 하다.

　이들 세 곳의 정원은 비슷한 점이 참으로 많다. 정원을 만들겠다는 남편과 그 꿈을 이루게 도와준 부인의 모습들이 너무나도 닮았다. 또한 버려진 척박한 땅을 함께 개간하여 낙원으로 만들어준 부부의 이야기들이 전설처럼 아름답다. 성공한 남편의 배후에는 반드시 훌륭한

아내의 내조의 공이 있게 마련이다. 거대한 자연과 싸워 이긴 인간승리의 쾌거 또한 닮았다. 한 사람의 원대한 꿈이 얼마나 위대한 결과를 낳을 수 있는지 보여주는 곳이기도 하다. 또한 자신들이 만든 것을 공유하는 의미 있는 삶을 살고 있는 것이 참으로 아름다워 보인다. 인간은 인간을 통해 행복을 느낄 수도 있지만 자연을 통해 행복을 느낄 수도 있다는 것을 정원을 통해 새삼 깨닫게 되었다.

'헤르만 헷세'는 『정원의 즐거움』이라는 책에서 '나의 무수한 창작력과 아이디어는 정원 일의 노동을 통해서 얻어지는 영감일 뿐이다'라고 말하고 있다. 그는 정원에서 자연과 인생의 의미를 발견하고 즐거움을 얻는다고 했다.

이런 정원들은 꽃과 나무들이 많아 자연에서 여유를 찾고 삶을 즐길 수 있는 힐링의 장소이며 삶에 지친 사람들의 영혼을 위로하는 청량제가 아닐까 싶다. (2018)

이집트 사막투어

사막의 나라 이집트로 떠났다. '낭만적 여행 사막투어와 나일강 쿠르즈투어'라는 유혹에 홀딱 빠져서 기꺼이 짐을 쌌다.

사막투어를 하기 전 터번을 하나씩 사서 머리에 둘렀다. 강한 햇빛으로부터 머리를 보호하고 모래를 피하기 위해서라고 했다. 영락없는 배두인이 된 듯했다. 호기심과 두려움을 안고 사막에 들어섰다. 가도 가도 끝이 보이지 않는 모래사막이 이어졌다. 유연하고 부드러운 모래언덕, 뜨거운 모래바람과 폭포처럼 쏟아지는 햇볕, 대상들이 낙타에 물건을 싣고 다닌 길이다. 혹독한 모래바람이 불면 그 모래 속으로 모든 것들이 흔적도 없이 사라지곤 한다는 곳이다. 낙타의 길, 대상大商의 그 길을 가고 있다. 야영지로 가는 도중에 낙타 타기를 했다. 난생 처음으로 쌍봉 낙타 등에 올랐다. 낙타가 일어나는 순간 정신이 아찔하고 현기증이 났다. 말을 타는 것과는 또 다른 생경한 경험이었다. 한 시간 말을 타고 내린 후에는 또 다시 타고 싶은 생각이 간절했지만 낙타는 두 번 다시 타고 싶지 않았다.

하루 종일 짚차를 타고 사막을 달려 백사막이라는 곳에 도착했다. 눈이 쌓여있는 것처럼 보인다고 하여 그렇게 부른다고 한다. 흰색의 기암이 곳곳에 널려 있어 흡사 만물상을 보는 것 같아 눈이 부시다. 버섯처럼 생긴 바위, 스핑크스 모양의 바위 등 기기묘묘한 바위들이 곳곳에 산재해 있다. 오랜 세월 풍화 작용에 의해 깎여나가 이처럼 다양한 모습으로 생겨났다는 가이드의 설명이다. 붉게 물들어가는 하늘과 흰 사막이 맞닿은 풍경은 황홀하기도 하고 몽롱하기도 하여 보면 볼수록 몽환적인 풍경이다. 지구가 아닌 다른 행성에 와 있는 착각을 할 정도로 신비한 형상들이다. 이 모습이 '백사막의 랜드마크'라고 한다.

 야영지에 도착하자마자 우리를 안내한 베두인들은 양탄자로 가림막을 설치하고 불을 피워 음식을 만들었다. 야영지에는 식수는 물론 화장실도 없다. 일상생활에 필요한 것은 아무것도 없다. 갑자기 자연인, 아니 원시인이 된 듯한 느낌이 들었다.

 이집트의 백사막은 〈생텍쥐페리〉의 소설 『어린 왕자』의 배경이 되는 곳이기도 하다. 어린 왕자가 왔다는 이곳. 그리고 왕자가 사랑한 사막여우가 살고 있다는 곳이다. 그래서 이곳이 더 흥미로운 장소가 되고 있다. 아무런 생명체가 살 수 없을 것 같은 그곳에 여우같은 생명들이 살아간다는 것이 또 마음을 설레게 했다. 사막은 정말 신비스러운 것들 투성이었다.

 저뭇해지자 백사막의 밤하늘에는 별이 쏟아지고 있다. 세상에 태어나서 이렇게 많은 별들을 본 적이 없다. 우주쇼의 신비로움이랄까, 처음보는 풍경 그 광대하고 경이로운 자연 앞에 무릎을 꿇지 않을 수 없었다. 그 영롱한 하늘 아래에서 모닥불을 피우고 배두인들의 악기연주는 끝없이 이어지고 우리는 모닥불 주위를 돌면서 손에 손을 잡고 춤을 추었다. 우리 일행 가까이에서 야영하던 프랑스인들이 우리와 합류하여 더 흥겨운 시간이 되었다. 모닥불이 사위어갔다. 사막의 밤은 그렇게 깊어만 갔다.

한밤중에 사막여우가 나타날 테니 보고 싶으신 분은 잠들지 말고 기다리라는 가이드의 말이 있었다. 반드시 사막 여우를 보겠노라고 마음을 다잡고 텐트에 누워 무수한 별이 뜬 하늘을 바라보며 '어린 왕자가 왔다는 별은 어디에 있을까' 이 생각 저 생각 하는 사이 그만 잠에 빠져들고 말았다. 아침에 일어나자 사막여우가 다녀간 흔적이 여기저기 남아 있는 것이 아닌가. 잠든 것이 아쉽기만 했다. 사막여우는 음식 냄새가 나면 몰래 와서 먹고 간다는 것이다. 아무것도 살 수 없을 것 같은 이 황막한 사막에 생명체가 살고 있다는 것이 그저 신기했다.

이집트는 볼거리가 참 많은 나라였다. 오래된 역사와 유적, 신화와 전설이 무궁무진하다. 그리스 로마신화보다 앞선 이야기들이 옹골진 가이드의 입을 통해 끝없이 이어졌다. 이집트의 사막투어는 나의 기대를 배반하지 않았다. 쓸모없는 사막을 관광화하여 세계의 관광객을 불러들이는 그들의 지혜가 놀랍기도 하다. 봄철만 되면 한반도로 불어오는 불청객인 흙바람, 천덕꾸러기 사막이 이곳에서는 고가의 상품이 되다니 참 아이러니하기도 했다

별이 쏟아지는 낭만적인 사막의 밤이 정겹기만 하다. 잠깐 머물렀던

곳, 떠나온 지 오래된 그곳이 불현듯 떠오를 때가 있다. 그러면 나의 마음은 별빛 쏟아지는 한밤중 사막 한가운데서 춤을 추던 그때가, 낙타를 타고 사막을 달리던 그곳을 서성이곤 한다. (2023)

저뭇해지다 : 해가 져서 사방이 어둑어둑하게 되다.
사위어가다 : 불이 다 타서 재가 되다.
옹골진 : 실속이 있게 속이 꽉 찬.

3부

집으로 가는 길

『기발한 자살여행 』

「사랑은 뷰티풀 인생은 원더풀」이란 드라마를 보고 있다. 교통사고를 내고 뺑소니 친 구준범, 학교 폭력으로 고통을 당하고, 보는 시험마다 떨어지는 김청아, 둘은 동반자살을 하려고 어느 시골로 향하였으나 준범이 먼저 죽으면서 청아에게 죽지 말고 살아 달라고 유서를 남긴다. 그 후 청아는 수차례의 실패를 거듭해서 경찰 시험을 보아 합격을 하게 된다. 죽어가는 사람을 살리기 위해 경찰이 되었다. 그 후 죽은 구준범의 어머니와 만나게 되고 그의 형과 사랑을 하게 된다. 꿈을 실현하기 위해 갖은 애를 써서 그 뜻을 이루어 가는 진솔한 삶의 이야기다. 자살하려고 했지만 실패하고 새로운 삶을 시작하는 보잘것없는 인생을 다시 사랑하고 소소하지만 확실한 행복을 찾아가는 흐뭇한 드라마이기도 하다.

이 드라마를 보면서 핀란드 작가 〈아르토 파실리〉의『기발한 자살여행』이 떠올랐다. 소설의 내용은 삶이 고달픈 사람들이 모여서 함께 자살할 장소를 찾는다. 그들은 노르웨이, 알프스를 거쳐 유럽의 땅끝마을 〈세인트 빈센트곶〉까지 가게 된다. 여러 번 집단 자살을 시도했지만 모두 실패하고 그곳으로 가는 동안 삶의 의미와 행복을 찾게 되어 아무도 자살하지 않는다는 유쾌하고 통쾌한 여행 이야기다. 그들은 여행 중 수많은 일 들을 겪으면서 더욱 강해지고 삶을 긍정적으로 바라보게 된다. 자살 여행은 결국 삶의 여행으로 막을 내린다. 다소 냉소적인 내용이지만 기본사상은 인간에 대한 따스한 정과 사랑이 느껴지는 소설이다. 이 작품은 핀란드를 배경으로 하고 있지만 자살 희망자들이 처한 현실이 우리나라와 그 상황이 너무나 같다는 것이 충격적이다. 배경이 혹시 우리나라가 아닌가 할 정도로 흡사하다. 이 소설을 읽으며 죽기를 원하는 사람들은 어쩌면 살기를 간절히 바라는 사람일지도 모른다는 생각을 하게 되었다. 삶에 대한 욕망이 너무도 크기에, 좌절 역시 그만큼 크기에 죽음으로 가는 것이 아닐까 하는.

 모든 것을 잃어버린 사람들을 저자 특유의 유머와 따뜻한 시선으로 감싸고 있는 이 작품은 핀란드뿐 아니라 암울한 삶을 살아가며 상처받은 사람들의 마음을 보듬어주지 않을까 싶다. 『기발한 자살여행』은 좌절감에 빠진 사람들이나 자살 충동을 느끼는 사람들이 삶의 욕구와 의미를 재발견할 수 있도록 도와주는 문학적 치유의 소설이라는 평가를 받고 있다.

 우리나라 경찰청 통계에 의하면 2003년 (10,898명 자살)이후 2018년(13670명 자살)까지 15년 동안 계속 자살률 1위이다. 하루에 30명 이상이 스스로 목숨을 끊고 있다. OECD 자살률 1위인 우울한 한국의 현실이다.

오늘도 사회면을 가득 채운 "일가족 또 극단선택"(2020.2.13. 한겨레)이라는 뉴스가 가슴을 애인다. 생활고에 시달린 것으로 추정되는 일가족 4명이 숨진 채 발견됐다는 보도다. 복지사각지대에 놓인 사람들이 끊임없이 자살을 하고 있는 사실을 대할 때마다 서러워진다. 이런 죽음의 행렬을 막기 위해 전문가들이 다각도로 제도를 개선하려고 노력을 기울이고 있지만 역부족인 것만 같아 보인다. 지난 한 해(2019년) 동안에만 70여 명이 자살한 것이 그 예가 아닐까 싶다.

성적만이 최고의 선이라 부르짖는 학교, 취업이 되지 않아 방황하는 청년, 가정 폭력에 고생하는 아내와 아이들, 학교 폭력에 시달리는 학생들, 사랑하는 사람과의 이별과 사별, 미래가 보이지 않아 사랑도 결혼도 아이도 포기해야만 하는 암담한 현실, 한 번 실패하면 다시는 일어나지 못하는 냉혹한 사회, 세상 어디에도 발을 붙이지 못하는 소외된 사람들, 오로지 성공만을 앞세우는 사회의 모습 등등이 한국 사회의 민낯이 아닐까.

제발 「사랑은 뷰티풀 인생은 원더풀」이란 드라마처럼 사랑은 아름답고 인생은 최고인 우리 사회가 되었으면 하는 바람으로 텔레비젼 앞으로 다가앉는다. 상처받는 인생이 아무도 없기를 바라면서. (2020)

집으로 가는 길

　몇 해 전의 일이다. 미얀마 여행을 마치고 돌아오기 위해 양곤 공항에서 짐을 부치려고 줄을 서 있었다. 그때 아이를 업고 커다란 가방을 세 개나 가지고 있는 여인이 눈에 띄었다. 그녀는 내게로 와서 자신의 짐을 내 이름으로 부쳐달라고 부탁을 했다. 우리 말이 어눌한 그 여인의 잔미한 모양새가 안 되어 보여 '그러지요' 하는 순간 내 뒤에 있던 해사한 여자가 내 팔을 붙들고는 고개를 절레절레 흔들었다. 그 순간 〈집으로 가는 길〉이라는 영화가 퍼뜩 떠올랐다.
　주인공 종배 부부는 빚보증을 잘못 서서 거액의 빚에 쫓기게 된다. 때마침 종배 후배가 아프리카에서 짐을 받아 프랑스까지 옮겨주면 수백만원을 주겠다는 제안을 한다. 종배는 위험하다며 거절하지만 종배의 아내는 그 조건을 들어주기로 한다. 내용물이 무엇인지도 모르는 아내는 프랑스 공항에서 마약범으로 체포되어 교도소에 수감되고 만다. 그것도 악명 높은 프랑스 섬의 교도소에. 말도 통하지 않고 통역도 없고 그냥 당할 수 밖에 없었다. 결국 그녀는 헤어날 수 없는 수렁에 빠지고 말았다. 그녀가 할 수 있는 일은 아무것도 없었다. 하루 빨리 아내가 돌아오기를 기다리는 남편은 외교통상부를 찾아가 호소도 하고 갖은 노력을 다해 보았지만 허사였다. '마약 운반은 죄'라는 말만 하고 철저하게 외면하였다. 아내를 데려오기 위한 남편의 노력은 눈물겨웠지만 모두가 물거품이 되었다. 남편은 마지막 수단으로 네티즌을 동원하였다. 네티즌의 힘은 막강하였다. 몰강스럽기만 하던 외교통상부는 네티즌 앞에 결국 무릎을 꿇고 남편의 요구 사항을 수용하였다. 2년 동안의 고생 끝에 아내는 고국으로 돌아오게 되었다. 그 영화 생각이 나자 갑자기 섬뜩한 기분이 들며 아슴아슴 한기가 돌았다.

실화를 바탕으로 한 충격적이고도 눈물겨운 영화였다. 〈집으로 가는 길〉의 여인은 그 길이 피할 수 없는 운명의 길이 아니었을까 싶다. 또한 나에게 짐을 부쳐주지 말라고 한 여자도 어쩌면 내 삶의 한 부분을 결정한 분이 아니었을까 하는 생각이 들기도 했다.

그 여인의 부탁을 외면하였지만 내내 찜찜하였다. 그 여인을 도와줄 것을. 거절한 것이 잘못한 것은 아닌가 하는 생각으로 갈등 아닌 갈등이 생기기도 했다. 항상 잘한 일인지 잘못한 일인지 모르면서 행한 일들이 이처럼 허다하다. 그 가방 안에 무엇이 들었는지 나는 알 수는 없다. 풀어헤쳐 내용물을 확인하지 않고는. 사람도 그렇다. 겉모습이야 쉽게 알 수 있지만 그 마음 속에 품고 있는 생각은 알 수가 없다. 수심가지水心可知 인심난지人心難知라 하였다. 인간의 마음은 알 수 없는 영역이 아닌가. 사람의 마음 속을 알 수 있는 도구가 있다면 인간 세상에 서로 속고 속이는 참사는 일어나지 않을 것이다. 믿었던 사람에게 배신당해 통곡하는 일도 없을 것이지 싶다.

학자들은 사람의 마음 속을 일기 위해 끈질긴 연구를 계속하고 있다. 심리학을 위시하여 정신의학 드디어는 로봇공학까지 발전시켜가고 있다. 범인을 체포하기 위해 거짓말 탐지기까지 등장하였으니 앞으로는 더 많은 연구물들이 나올 것으로 기대된다. 그러나 사람 마음속을 모르는 게 다행이지 싶을 때도 많다.

100조 개의 세포 중 그 하나가 변이를 일으켜 남의 마음을 읽을 수 있는 능력이 주어진다면 어떤 일이 벌어질지 흥미롭다. 남의 마음을 읽을 수 있는 초능력이 생긴다면 나는 정치인들의 진짜 속내를 알고 싶다. 말만 하면 국민을 위한다고 하는데 정말 그들이 순수하게 국민을 위해 깨끗한 정치 권력을 사용하는지 아니면 그 옛날 탐관오리처럼 자신의 욕망을 충족시키기 위해 거짓말을 하고 있는지 정말로 알고 싶은 것이다. 점쟁이가 되면 알 수 있으려나 모르겠다.

나에게 짐을 부쳐 달라고 한 여인은 무사히 목적지까지 잘 갔는지 가끔 생각이 난다. (2023)

잔미하다 : 가냘프고 약하며 변변치 못하다.
해사하다 : 하얗고 곱다.
아슴아슴 : 감기나 몸살 따위로 몸에 소름이 끼칠 듯이 추위가 느껴지는 모양.
몰강스럽다 : 인정이 없이 억세다

정의의 사도는 어디에

 고전 소설 『홍길동전』을 읽어 보면 그가 왜 가출을 하고 의적이 되었는지 공감하게 된다. 그 이유가 매우 설득력이 있기 때문이다. 손가락질 당하는 첩의 자식으로 태어나 아버지를 아버지라 부르지 못하고 일부다처제 속에서 빚어지는 시기와 질투가 그 원인이 아닌가. 이것은 한 가정의 문제만이 아니라 조선시대 전반에 걸친 신분제도의 모순이라고 다들 알고 있다. 정의롭지 못한 사회, 비이성적이며 비인간적인 사회 속에서 홍길동 같은 인물이 태어나는 것은 어쩌면 당연한 이치가 아닐까 싶다. 홍길동의 절규는 누구나 인간답게 살 수 있는 세상을 만들고자 하는 세상이 아니었을까.
 영국의 노팅엄 섬에는 활 시위를 당기고 있는 '로빈 후드'의 동상이 있다. 『로빈 후드의 모험』은 영국의 전설적인 의적 '로빈 후드'를 바탕으로 한 소설이다. 11세기 잉글랜드의 셔우드의 숲을 근거지로 하여 '로빈후드'가 '리틀 존'과 '태크' 수도사 등을 비롯한 의적들과 함께 포악한 관리와 욕심 많은 귀족이나 성직자들의 재산을 빼앗고 그들의 횡포를 응징하고 가난한 사람들을 돕는 이야기이다.

두 의적 이야기의 배경에는 공통점이 있다. 백성을 수탈하는 정치와 굶주림에 허덕이는 백성들의 곤궁한 살림살이가 있다. 시대가 다르고 사는 곳이 달라도 인간 세상에는 반복되는 역사가 있는 것 같다. 권력자의 탐욕과 수탈과 종교의 부패 등 두 작품은 너무도 같아 경이롭다.

낮에는 검사 복장, 밤에는 복면을 쓰고 법의 테두리 안에서는 절대 해결할 수 없는 사건들을 복면을 쓰고 주먹으로 해결하는 남자의 이야기를 그린 드라마 『복면 검사』를 보고 통쾌해한 적이 있다. 법을 무시하고 법망을 피해 범행을 저지르는 자들을 찾아 징계하는 홍길동 같은 인물이다. 법을 무시하고 정의를 실현한다는 점에서 두 의적의 이야기와 일치한다.

힘이 있는 자는 법을 이용하여 이득을 취하고, 제아무리 갑질을 해도 법조항이 없어 처벌을 하지 못하는 그 모순이 일반 사람들의 상식과는 거리가 너무나 멀게 느껴지는 경우가 있어 황당할 때가 많다. 어쩌다가 돈이면 사람을 살리기도 하고 죽이기도 하는 세상이 되었는지 안타까울 뿐이다. 그 검사는 신분에 맞지 않은 행동으로 말미암아 검사직에서 물러나 변호사의 사무장이 되는 것으로 극을 마무리한다.

그렇다면 홍길동은 과연 정의의 사도인가? 아니면 법을 무시한 범법자인가? 한때 이 문제를 두고 열을 올리며 토론한 적이 있었다. 결론은 나지 않았지만 공통된 의견은 때로는 그런 자가 필요하다는 것이었다.

나는 기다린다. 홍길동을. 로빈후드를 애타게 기다린다. 이 세상을 정의롭게 할 수 있는 영웅을. 영웅은 약하고 약해서 힘겹게 살 수밖에 없는 사람들이 고귀하게 살 수 있는 힘의 원천이기에 기다릴 수밖에 없다. 나만의 환상이 아니길 빌면서.

정치는 국민 모두를 행복하게 해야 하는 소명이 있다. 과연 이 나라의 정치는 국민을 행복하게 하고 있는지, 불행을 안겨주고 있지는 않은지 의문이 들 때가 많다. 이 세상에서 가장 가치 있는 일은 악과 맞서 싸우는 것이라고 생각한다. 영화든 소설이든 주인공이 불의에 항거하여 싸우는 사람들이 가장 매력있는 사람들로 묘사되고 있다. 그런 종류의 작품들에 대부분 사람들은 환호하고 즐긴다. 카타르시스를 느끼기 때문이 아니겠는가. 내가 하지 못하는 것을 누군가가 대신해 준다는 것은 통쾌하기 이를 데 없다.

어느 시대를 막론하고 어려움을 해결해 줄 초인적인 힘을 지닌 사람을 기다린다. 항상 영웅이 필요한 것이다. 암울한 시대일수록, 힘이 없어 서러운 서민들이 많을수록 자신들의 고통을 덜어줄 영웅을 기다리는 것은 당연한 이치가 아닌가. (2019)

휴거의 추억

고등학교 입시철이다. 이맘때가 되면 생각나는 사건이 하나 있다. 이름하여 휴거 사건이다. 예수님이 재림하여 구원받을 이들을 공중으로 들어올린다는 예언에 따라 다미선교회를 비롯한 일부 사이비 교회 신자들이 가정과 직장을 버리고 공동체 생활에 들어갔던 사건이다. 종말론 사이비종교 교주들이 신자들을 현혹하여 재산을 헌납하게 한 웃지 못할 사건이다.

고등하교 지원서를 제출해야 하는데 학생 한 명이 제출을 포기하겠다고 했다. 한 달 후면 휴거되는데 고등학교 지원서가 왜 필요하냐는 것이다. 학부모를 불러 휴거되더라도 원서만은 접수시키자고 통사정을 하였지만 막무가내였다. 학생보다 더 완강하게 거절하였다. 오히려 우리에게 쓸데없는 짓 하지 말고 휴거 될 준비나 하라면서 선생님들을 설득하기까지 했다. 그 생뚱맞은 주장에 비과학적인 정보라고 아무리 반박해 보았지만 선생님들의 말을 듣지 않았다. 결국 그 학생만이 고등학교 진학을 포기하고 말았다. 정말 이럴 때 기가 찬다고 하는 것이 아닐까 싶었다. 종교에 빠져도 그렇지 나이 어린 자식까지 그곳으로 끌어들이는 데는 어이가 없었다. 알 수 없는 분노도 일었다.

그 사건이 일어난 지도 30여 년의 세월이 흘러갔다. 그때 그 교주와 신도들은 어디에서 무엇을 하고 있는지 궁금하다. 제발 나와서 '자신들이 잘못 알고 우매한 짓을 하였노라'고 고백이라도 했으면 좋겠다. 혹여 지난 8월 어느 날 광화문 광장에 태극기와 성조기 심지어는 이스라엘기까지 들고나와 애국을 외치지는 않았을 것이라고 믿고 싶은 심정이다.

휴거 사건이 일어난 지 5년 후에 이 실화를 배경으로 윤흥길의 쓴『빛 가운데로 걸어가면』이라는 소설이 출간되었다.

"태산을 넘어 험곡에 가도 빛 가운데로 걸어가면
　주께서 항상 지키시기로 약속한 말씀 변치 않네"

이 소설은 위의 찬송가 구절을 제목으로 하여 쓴 종교의 비종교적인 모습을 보여주고 있는 내용으로 이루어져 있다. 소설의 주인공 임종술과 김부월은 고향 동네에서의 삶이 어려워지자 서울로 올라가서 갖은 노력을 해 보았지만 삶이 나아지지 않자 동반자살을 하려고 한강 둔치를 찾는다. 하지만 그곳에서 독실한 기독교인 박장로를 만나 자살은 해프닝으로 끝나고 교회에 다니게 된다. 그렇게 해서 결국은 시한부 종말론 교회에 발을 담그게 되고 주인공은 그 교회의 하 목사와 함께 휴거사건에 휘말리게 된다. 휴거는 일어나지 않고 사기임을 안 신도들에게 주인공은 흠씬 두들겨 맞고 다시 자살을 하기 위해 그때 그 장소로 간다. 그곳에서 다시 박 장로가 나타나는 것으로 끝을 맺는다. 박 장로와의 만남을 처음과 끝에 배치한 수미쌍관적인 이 이야기 구조는 이들의 탐욕과 어리석음이 그 한 번으로 끝나지 않고 언제든지 다시 일어날 수 있다는 것을 암시적으로 표현한 것이 아닐까 싶다.

　사람이 신을 창조하면서 인류의 역사는 시작되었으며 신이 인간을 지배할 때 인류의 역사는 끝이 난다고 했다. 이 글을 읽으며 종교지도자들의 모습을 떠올리게 되었다. '교회는 세상의 빛과 소금인가, 아니면 인민의 아편인가' 해묵은 논제 중 하나이다. 마을이 하나 생기면 반드시 있어야 하는 것이 학교와 병원과 교회라고 한다. 교회는 마음의 병을 치료하는 중요한 곳이기에 이런 말이 있지 않을까 싶다.

　늦은 밤 아파트 창가에서 시내를 내려다보면 수없이 많은 십자가들이 휘황찬란하게 빛나고 있다. 교회는 이렇게 많아졌는데 세상은 더 무서워지고 있으니 걱정이다. 또한 나와 다른 종교를 인정하지 않는 종교가 존재하는 것에 비애를 느끼기도 한다.

　코로나19 시대 십여 개월을 지나오면서 종교 지도자들의 책무가 무엇인지 되묻지 않을 수 없다. 이 엄중한 시간에 종교인들이 모여 예배를 드리면서, 예배를 드리는 것이 생명보다 더 소중하다고 하는 주장에는 소름이 돋는다. 물론 자신은 원해서 죽으니 순교가 될지 모르겠지만 믿지 않는 사람은 어찌하란 말인가. 자신의 종교활동을 위해 타인의 목숨을 해쳐도 된다는 그 논리가 성직자들이 할 소리인지 묻고 싶다. 또한 가족들까지 외면하면서 선택하는 종교가 무슨 의미가 있는지도 이해가 되지 않는다. 선교를 위해 가정과 직장까지 버리는 가리사니가 되지 않는 사람들을 가끔가다 보면 나처럼 신앙에 무지한 사람들은 그저 답답하기만 할 뿐이다. 차라리 정한수 한 사발 떠 놓고 천지신명께 빌던 내 어머니가 그 어떤 성직자보다 더 숭고하다는 생각이 든다.

'네 이웃을 내 몸같이 사랑하라'고 한 예수님의 말씀이 이 시간 더 절실하게 다가오는 시절이다. 작금의 종교 지도자들의 모습을 보고 예수님은 뭐라고 하실까. 그리고 그때 그 아이는 40대 중반의 장년이 되었을 게다. 그는 지금 어디서 무엇을 하고 있을까. 그것도 자못 궁금하다. (2020)

가리사니 : 사물을 가리어 판단할 만한 지각

종소리와 함께

　수십 년을 종소리와 함께 살았다. 학교에 입학하면서부터 퇴직을 할 때까지 종소리에 따라 움직였다. 시작 종이 울리면 수업에 들어가고 끝 종이 울리면 교실을 나와야 했다. 종소리와 함께 하루가 시작되고 종소리와 함께 하루가 저물었다. 그것이 내 일상이었다. 그 옛날 하루를 마감하고 시작하면서 치던 인경과 파루가 생각난다. 현재라는 시간 속에 살고 있지만 자주 지난날과 만난다.
　조선시대 전국에서 실시되었던 이 제도는 1890년대에 폐지되었으나 치안 유지상 필요한 제도라 광복 후 미군정하에 다시 부활하였다. 1980년대에 산업화 민주화가 진행되면서 폐지되어 야간통행 금지는 역사 속으로 사라졌다.
　1970년대 대학신문사에 있던 시절이었다. 학교 신문이 나온 날 학생 기자들은 술집으로 달려갔다. 새내기인 나도 선배들과 함께 술잔을 기울이며 개똥철학을 주절거리고 밤늦게까지 거리를 헤매고 다녔다. 야간통금 시간을 알리는 사이렌 소리를 듣고야 허둥지둥 귀가를 서둘렀지만 집에 도착하기 전에 방범대원에게 붙들려 파출소로 끌려갔다. 쥐

구멍이라도 있으면 숨고 싶은 심정이었다. 높은 이상과 신념을 위해 불의와 싸우고 있는 친구들이 있는데 이런 참담한 꼴을 하고 있는 나 자신에게 실망했다. 파출소의 길고 딱딱한 의자에서 밤을 지새우고 온갖 수모를 겪은 후 다음날 새벽 훈방되어 풀려났다. 내 잘못이라는 생각보다 이 나라가 잘못되었다고 떼를 썼으니 지금 생각하면 참 부끄러운 청춘이었다.

내가 다닌 중·고등학교는 밤 8시가 통금시간이었다. 그 시간 이후에 길거리를 다니다가 생활지도부 선생님께 발각되면 불행하게도 정학 처분을 받았다. 그 억압의 시대를 살며 끝없는 자유를 갈망하였다. 고등학교를 졸업하자 그 굴레를 벗어났다. 옥죄었던 통제가 풀리자 굴레를 벗어난 말처럼 날뛰다가 일어난 일이 파출소 신세를 진 것이다. 늦은 밤이든 새벽이든 오롯이 내 마음대로 자유롭게 살 수 있다는 그 해방감에 터진 사건이었다.

그토록 억압에 몸서리치던 내가 어느 순간에 통제의 시스템 속에서 아이들을 가혹하게 통제하고 있었다. 학교 시작종이 울린 이후에 온 지각생은 감정처리, 수업 종이 울린 이후에 교실에 들어온 학생에게도 감점 등등, 아이들을 시간 속에 가두어 버린 것이다. 지각한 학생 중에는 교문에서 붙잡힐 것이 두려워 학교 뒷담을 넘다가 다리를 다쳐 병원에 실려 간 일도 가끔 있었다. 통제받지 않은 삶은 자제와 절제의 미학을 잃고 방종하게 되고 결국은 후회로 이어지게 마련인 것을 당시에는 누구도 알지 못하는 것 같다.

가끔 사찰에서 묵을 때 세상이 모두 잠든 새벽, 그 매혹적인 고요 속에 '댕앵~', '댕앵~' 하는 종소리를 들을 때가 있다. 종소리는 끝을 내지 않고 길게 이어지며 삼라만상을 곤한 잠에서 깨우는 것 같았다. 사찰의 범종소리는 청명하고 장엄하며 유장하다. 길게 울려퍼지는 그 소리는 듣는 사람들로 하여금 세상에 찌든 몸과 마음을 잠시나마 편안하게 해 주며 마음을 깨끗하게 하는 역할을 하는 것 같다. 나아가 그 소리는 지옥에 떨어져 고통받는 중생들까지도 구제받아 다시 극락으로 갈 수 있다는 심오한 뜻이 담겨져 있다고 한다. 그 소리는 물소리를 담고 새소리를 담아 신비로운 음향으로 깊은 계곡으로 흘러흘러 마을로 들어간다. 그리고 세상을 눈뜨게 한다. 매력적인 종소리다.

인류는 왜 무엇 때문에 종을 만들었을까? 처음 종을 만든 사람은 누구였을까? 가늠이 되지 않지만 아마도 서로의 의사소통을 하기 위해 만들지는 않았을까? 말과 글이 없던 그 시절 자신이 어디에 있는지를 알리기 위해서 만든 것이 아닐까? 우리의 옛 조상들은 종소리로 제행무상을 빌기도 하고 악령을 물리치고 사악한 마음을 쫓고 제사 연회의 자리를 청정하게 하는 의미로 종을 쳤다고 한다. 우리 집 현관문에는 인사동에서 구입한 종이 매달려 있다. 문을 여닫을 때마다 찰랑거리는 소리가 맑고 청아하다. 좋은 소식이 들어오라는 의미의 종이다. 그 소리를 들을 때마다 초등학교 시절 '땡, 땡, 땡' 하는 종소리가 아련하게 들려오는 듯하다. 그리운 소리다.

그 시절 그런 종은 사라진 지 오래되었다. 시대가 변함에 따라 종의 모양도 종소리도 진화했다. 수동에서 자동으로, 다시 전자동으로, 소리에서, 음악으로, 싸이렌 소리로 바뀌어 가고 있다. 앞으로 어떻게 진화될지 알 수 없다.

 종은 계속 울려야 한다. 그 옛날 통제의 수단이 아닌 다른 의미의 종이 울려야 한다. 자유의 종이. 평화의 종이.

 지금은 종소리를 떠나 있다. 하지만 어디선가 종이 울리면 수업을 하기 위해 교실로 향하던 지난 일들이 떠오르곤 한다. 해맑은 아이들의 얼굴과 함께. (2020)

인경 : 조선 시대 통행금지를 알리는 종 28번 침
파루 : 조선 시대 통금 해제를 알리는 종 33번 침

첫사랑

 직장 생활 3년차. 어머니는 매일 맞선을 보라고 성화다. 조선 시대도 아니고 무슨 맞선이라며 나는 시큰둥했다. 전혀 모르는 사람과 결혼을 전제로 마주 앉는 것 자체가 쑥스럽고 어색한 그 분위기를 감당할 수 없을 것 같았다. 꼭 물건 놓고 흥정하는 것 같다고나 할까. 사흘이 멀다 하고 어머니는 이 남자 저 남자 사진을 들이대는 데는 정말 멀미가 났다. 심지어는 같이 근무하는 선생님 사진까지 내미는 데는 폭발 직전이 되었다. 그래도 어머니는 뜻을 굽히지 않으셨다. 나를 시집보내는 것이 무슨 지상명령이라도 되듯이 달달 볶아대셨다. 중매쟁이도 밉고 어머니도 원망스러웠다.
 "네 친구들은 물론이고 너보다 나이 어린 사촌 여동생들도 모두 결혼하여 아들 딸 낳고 잘살고 있는데 과년한 맏딸이 저러고 있으니 애가 탄다."며 한탄을 하곤 하셨다. 선보고 결혼하는 것은 구시대적 발상이고 구태의연하다고 생각하며 〈로미오와 줄리엣〉처럼 운명적 사랑을 꿈꾸는 나에게 어머니의 생각은 나와는 거리가 멀어도 한참 멀었다.
 어느 날 어머니는 내 초등학교 동창이라면서 그의 이력과 사진을 내

미셨다. 그 순간 나는 망치로 머리를 얻어맞은 것 같아 기절하는 줄 알았다. 아, 아, 그 아이 내 기억은 초등학교 시절로 돌아갔다.

60년대 남학생과 여학생이 한 교실에 있을 수 있는 시간은 1년에 서너 번 전교어린이회의 때였다. 그 회의 때 학생들이 의견을 말하면 칠판에 그 내용을 적고 찬반 의견을 종합했던 것으로 기억 되는 한 아이가 있었다. 또래 아이답지 않게 조용하고 단아한 선비 같았다. 나는 학급 부대표로 그 회의에 참석하여 의견을 제시하곤 했는데 그 애를 보는 순간 이상하게 가슴이 뛰고 그의 얼굴 보기가 부끄러웠다. 어쩌다 복도에서 마주치기라도 하면 내 마음을 들킬까 보아 얼굴을 돌리고 달아나 버렸다. 내 존재를 그 아이에게 알리고 싶지 않았다. 그 아이의 얼굴이 하얀 귀공자 같은 모습이라면 나는 서양 영화에 나오는 하녀 같다는 생각이 들어서였다. 시골에서 십 리나 되는 먼 학교길을 오고 가서인지 피부가 유난히 까무잡잡하고 눈만 반짝이는 나를 어느 친구가 '네 고향이 아프리카냐'고 놀려댄 적도 있었다. 그 아이 앞에서 나는 몸 둘 바를 몰랐다. 그럴 때마다 가슴이 두근거렸다. 가끔 볼 때마다 가슴이 쿵쿵 나대었다. 시도 때도 없이 그 아이가 생각나는 자신이 싫어졌다. 누군가에게 내 마음을 들킬까봐 전전긍긍하는 날이 많아졌다. 아마도 나의 최초의 자의식의 발동이 아니었나 싶다.

여름 방학이 끝나고 2학기 들어 첫 회의 때 그는 보이지 않고 다른 학생으로 바뀌어 있었다. 담당 선생님께서 전 서기가 서울로 전학을 가서 다른 학생이 왔다고 전했다. 갑자기 힘이 쑤욱 빠지고 무엇인가

잡고 있던 끈이 뚝 하고 끊어지는 느낌이었다. 그 후 가끔 그 아이 생각이 났지만 그리 오래 가지는 않았다. 중학교 입시로 인해 6학년 말은 빠르게 흘러갔다. 그리고 그 아이에 대한 설렘도 세월의 흐름과 함께 서서히 잊혀 갔다.

그랬는데 그 친구와 맞선이라고!

"엄마, 그 친구 서울로 전학 가서 거기서 살았는데 왜 시골에 와서 선을 봐? 뭐 있는 거 아니야, 서울에 그 많은 여자들 두고."

"그럼 넌, 왜, 서울서 공부하고는 그곳에서 취직도 못하고, 왜, 시골로 내려왔니, 너 분명 뭐 있지, 사돈 남말하고 있네"

그 아이가 어떤 모습으로 변했는지 궁금하기도 하였지만 그 시절의 아련한 그리움 같은 마음에 상처가 될까 두려워 선은 없던 일이 되었다. 그것이 순수한 어린 시절에 대한 예의라고 보았다. 그 후 선보는 일은 다시는 없었다

세상사 살다 보면 설명할 수 없는 우연이 많지만 그 친구와의 맞선 사건은 정말 이해 못 할 우연이었다. 예기치 못한 맞선 사건은 해프닝으로 끝났지만 열세 살 소녀의 풋풋하면서도 가슴 뛰었던 기억이 떠올라 잠시 설레기도 했다. 지금 와서 돌이켜 보면 그 친구를 향한 떨림, 왠지 모를 부끄러움 그것은 첫사랑이 아니었을까.

서정주 시인은 〈첫사랑〉이란 시에서 다음과 같이 읊었다

초등학교 삼학년 때 / 나는 열두 살이었는데요/우리 이쁜 여선생님을

너무나 좋아해서요/손톱도 그분과 같이 늘 깨끗이 깎고/ 공부도 첫째를 노려서 하고
그러면서 산에 가서 산돌을 주워다가/국화밭에 놓아두고/날마다 물을 주워 길렀어요. (서정주. 〈첫사랑〉 전문)

 한 편의 시같은 첫사랑, 이보다 더 가슴을 설레게 하는 말이 또 있을까. (2025)

유년의 뜨락

이슥한 밤 촛불을 켜고 향을 사른다. 이지러지기 시작하는 달이 휘영청 밝고 사위는 고요하다. 가족 모두가 숙연해지는 할아버지의 제삿날이다.

나는 이맘때가 되면 할아버지와 함께 했던 유년의 공간, 사태골로 들어간다. 빈한한 화전민의 삶이었지만 건강한 자연이 있고 4대가 함께 살아가는 끈끈한 정이 있었다. 또한 할머니와 할아버지의 옛날 이야기가 풍성했던 곳이기도 하다. 고향을 떠올릴 때마다. 무지개처럼 피어나는 것은 긴긴 여름밤에 할아버지와 할머니가 들려주던 재미있는 이야기들이다. 옛날 이야기 좋아하면 가난하게 산다면서도 졸라대는 손주들의 성화에 못 이겨 할머니는 옛날 이야기를 자주 해 주셨다. 할머니의 단골 이야기는 여우골 이야기와 하늘나라 이야기였고 할아버지는 이 골 저 골, 이 산 저 산, 이 봉우리 저 봉우리에 얽힌 애잔한 전설들이었다. 들어도 들어도 질리지 않는 이야기를 들으며 혼곤한 잠에 빠지곤 했다. 집안에 책 한 권이 없던 시절 우리 5남매는 할아버지와 할머니의 옛날 이야기를 들으며 하루하루 건강하게 자랐다. 번뇌 어린 이 골짜기 저 골짜기 애처러운 전설들이 어린 가슴에 꽃처럼 스며들던 시절이기도 했다.

 솔개가 우리집 병아리를 채가고, 여우가 한밤중에 닭장 속의 닭을 잡아가고, 닭이 뱀을 잡아먹던 곳, 산토끼도 가끔 우리 집 마당을 뛰어다니고 새들도 날아와 마당 귀퉁이에서 놀다 가고 때로는 노루가 다녀가기도 했다. 자연 속에서 우리도 자연이 되어 동물들과 한 식구처럼 살았다. 그곳이 저승봉 아래 사태골이었다. 한 번 이 골짜기로 들어가면 다시는 나오지 못한다는 전설이 서린 곳, 우리 가족은 그곳에서 퍽 오래 살았다. 신화와 전설처럼 까마득한 저쪽 세상 같은 곳이 내가 떠올리는 고향이다.

 저승봉 위에 휘영청 달이 뜨는 저녁이면 할머니는 장독대 위에 물 한 그릇 떠 놓으시고 두 손을 모으셨다. 달빛에 푸욱 젖은 할머니의 모습에 나 역시 두 손을 모으고 머리를 조아리곤 하였다. 이런 날은 저승봉 위의 바위들에서는 빛이 나고, 산 짐승들의 울음 소리가 더욱 가까이 들리곤 하였다. 산속의 밤은 온갖 짐승들의 소리로 채워졌다. 알 수 없는 벌레 소리도 들리고 새 소리도 들리고 여우 울음소리도 들렸다. 저승봉 위에서 뜬 달이 하늘을 건너 서쪽으로 향하면 나와 내 동생들은 꽁지에 등을 달고 비행하는 반딧불이를 쫓아 달빛 속을 뛰어다니기도 했다.

 특별한 것은 없었다. 하늘이 있고 땅이 있고 산과 나무와 숲이 있고, 구름과 바람이 있고 별과 달이 있었다. 밤하늘은 온통 별들의 세계다.

내 삶을 돌아보며

여름밤 하늘은 별들이 유난히도 많이 떠서 하늘을 더욱 풍짐하게 해주었다. 은하수가 강을 이루고 흘러가는 그 하늘은 신비롭기까지 했다. 별빛에 젖은 밤은 태고의 경이로움으로 다가오고 실낱같은 초승달이 뜬 날은 저승봉 너머에는 어떤 사람들이 살고 있는지 궁금해 하기도 했다. 나의 마음 깊은 곳에 자리 잡아 그리움을 뿌리던 달빛과 별빛, 지금은 그냥 달이고 별이 되었다.

한 번 들어가면 다시는 돌아오지 못한다는 저승봉 아래 사태골에서 우리 가족들은 거친 삶을 정리하고 사람이 사는 마을로 내려왔다. 고향을 그리는 밤도 깊어가고 그리움도 깊어간다. 슬프기도 하고 아름답기도 한 유년시절이 내 심연 깊은 어느 곳에 잠자고 있다가 전설처럼 되살아나는지 모를 일이다. 아직도 내 영혼의 파편들이 그곳에 남아 있어서인지 아니면 어린 내 영혼을 키워준 곳이어서인지도. 사람은 너나 없이 잊을 수 없는 유년의 공간을 가지고 있지 않은가!

눈 감으면 들려오는 새소리, 물소리, 저승봉을 감도는 구름과 바람이 고된 마음을 씻으며 지나간다. 고향이 그리운 것은 그곳에 두고 온 풍경과 그곳에 남아 있는 이야기들이 아닐까. 검둥이가 제 그림자와 뛰어놀던 고향집 마당도 여우가 '커엉 컹' 짖어대던 산마루도 그리움의 한 장면이다. 황량한 벌판의 순례를 끝내고 진정한 안식과 평화를 누릴 수 있는 곳은 아마도 고향이 아닐까.

고향에 대한 추억은 세월이 지날수록 더욱 풍요로워지는 것 같다. 어쩌면 그 시절이 환상이 아닐까 하는 생각이 들 때도 있다. 평생을 도심 속에 살았으면서도 문득 생각나고 가고 싶고 가슴이 저려오는 아련한 그곳이 내 어린 시절의 산촌 고향이다. 어린 시절의 한 페이지가 고이 간직되어 있는 그런 곳이다.

세상과 단절된 산간 벽촌에 살던 유년시절의 그 기억들은 때때로 나를 행복하게 해 준다. 추억이 많은 사람이 행복하다고 하지 않던가. 도시 소음은 전설처럼 머언 곳 소외되었던 곳이 할아버지와 함께 불현듯 생각날 때가 있다. 달빛에 물든 신화처럼.

오늘밤처럼 달이 밝은 제삿날에는 숱한 전설이 살아 숨쉬는 곳, 그곳으로 가고 싶다. (2019)

심판

"암행어사 출두요."

소설「춘향전」중에서 가장 신명나는 대목이 아닐까 싶다. 고전 소설의 백미는 바로 고통받는 백성을 구하기 위해 홀연히 나타난 암행어사가 아닌가. 힘이 없어 억압받는 백성들은 누군가가 나타나 자기의 억울한 일을 해결해 주기를 간절히 바란다. 이때 암행어사의 출두는 그야말로 구세주다. 암행어사는 모든 악인들을 물리치고 백성들의 고통을 덜어준다. 그는 정의롭고 힘이 있어 백성들의 고초를 일시에 해소해 준다. 짐승만도 못한 삶을 살아가는 천민 계급의 사람들에게는 자신들을 구해줄 메시아 같은 사람을 기다리는 것이 그들 삶에 큰 위로가 되었을 것이다.

지금은 그런 인물도 없거니와 암행어사 역할을 하고 있는 경찰이나 검찰 심지어 대법원 판사까지 믿지 못하는 세상이 되었다. 심지어 그들에게 저항까지 하는 사태에 이르렀으니 공정한 심판을 기대할 수가 없다. 불법을 저질러도 돈 많은 자나 권력을 가진 자들은 가볍게 아주 쉽게 법망을 피하기 일쑤다. 그리하여 심판에 대한 불신이 팽배하고 결과적으로 그 권위가 땅에 떨어진 것이리라.

  법과 질서가 공정한 사회가 된다면 백성들이 억울한 눈물을 흘리지 않을 것이다. 뉴스를 보면 갑자기 검찰이 들이닥쳐 회사의 장부나 컴퓨터를 가져가는 것을 볼 때가 있다. 그 숨 막히는 장면을 보면서 암행어사 출두인지 아니면 도둑 떼가 들이닥쳐 모든 비밀을 털어가는 것인지 의구심이 들 때가 있다. 권력을 가진 자가 자신의 정적을 제거하기 위해 상대방을 모함하여 이루어지는 경우를 수도 없이 보아왔다. 공정하게 법을 행하여야 할 법관들이 권력을 유지하기 위해 또는 이권에 눈이 멀어 엉뚱한 판결을 하여 억울한 사람들을 만들어 내는 데는 으스스 소름이 돋기도 한다.

  과거에 정권을 유지하기 위해 수많은 양심수를 죄인으로 만든 것은 아직도 우리 민족의 아픔으로 남아 있다. 그들이 가장 잘 써먹은 것이 간첩 조작 사건이 아닌가. 우리나라의 특수한 상황을 이용하여 자신들에게 이롭게 해석하는 것이다.

  올바른 심판을 위하여 의문사진상규명위원회는 기득권자들의 공갈 협박 등 여러 가지 방해공작의 어려움과 한계에도 불구하고 피해자들의 응어리를 풀어주는 데 큰 역할을 하고 있으며, 우리 사회의 인권 수준을 높이는데 큰 교두보가 되어, 과거청산의 필요성을 사회적으로 공론화하는 데 크게 기여하고 있다고 한다. 그러나 진실이 밝혀져 사실을 규명한 것도 있지만 아직도 억울함을 호소할 곳 없어 분노를 안고 살아가는 소시민도 많은 것으로 알고 있다. 그들의 눈물은 누가 닦아

줄 것인가. 거대 기업의 횡포로 또는 무관심으로 직장에서 직업병을 앓고도 호소할 곳 없는 사람들. 권력자들에게 모든 것을 빼앗기고도 호소할 곳 없는 사람들. 아직도 우리 사회에는 암행어사가 필요한 사람들이 헤아릴 수 없이 많은 것 같다. 솔로몬과 같은 지혜를 가진 심판자가 나오길 기다려 볼 수밖에 없는 것 같다.

  가진 자들이 기득권을 지키기 위해 벌이는 꼴사나운 모습을 더 이상 보지 않고 사는 세상이 오기를 간절히 바란다. (2022)

여자라는 이유로

나는 일찍부터 성불평등을 겪었다. 초등학교를 졸업하자마자 조부께서는 '배우는 것은 그만하면 됐으니까 집안일 거들고 동생들 돌보다가 때가 되면 시집가도록 해라'고 하셨다. 그 당시 조부의 말은 법이었다. 나는 강하게 반발했고 부모님을 졸라 중·고등학교를 다녔다. 내가 대학을 가겠노라고 했을 때는 온 집안의 어른들은 가정 형편을 생각하지 않는 철없는 자식이라며 온갖 비난을 퍼부었다. 누구 하나 내 편 들어주는 사람이 없었다. 오직 한 분 어머니만이 나의 뒤를 밀어주셨다. 60년대 시골 사람들의 일반적인 생각이 아니었나 싶다.

대학교까지는 내 의지대로 해결할 수 있었으나 그 다음은 내 능력의 영역을 넘어서고 있었다. 대학을 졸업하고 교수님의 추천을 받아 서울 M중학교에 이력서를 제출했다. 교수님은 백퍼센트 확신하셨다. 그러나 중학교 측에서 돌아온 대답은 남자를 추천해 달라는 것이었다. 교수님께서는 '이럴 수가 없다'며 학교측에 항의를 하였지만 결과는 달라지지 않았다. 취업의 벽에 부딪혔다. 믿었는데 그 믿음은 불평등의 불신으로 다가왔다. 내가 가고자 했던 그 자리는 남자여야만 했다. 그 후 지방으로 내려와 임용고시를 보고 지방 교사로 발령을 받았다. 서울에서의 교사의 꿈은 여자라는 이유로 그렇게 사라지고 말았다. 50여 년 전의 이야기다.

신라와 고려 시대만 해도 어느 정도 성평등이 이루어졌다고 한다. 이 나라의 성불평등은 조선조 유교의 전래와 함께 시작되어 금세기까지 굳건한 자리를 지키고 있다. '암탉이 울면 집안이 망한다'라는 구시대적인 속담을 무슨 금언처럼 여기는 사람들이 아직도 존재하니 서글픈 일이 아닐 수 없다.

우리의 영원한 고전 〈심청전〉에서 심청이는 아버지의 눈을 뜨게 하기 위해 임당수 깊은 바다에 몸을 던진다. 그리고 그것을 효의 표본이라며 가르쳤다. 잔인한 이야기가 아닐 수 없다. 여자라는 이유로 인신매매를 당하고 죽기까지 해야 했다. 〈바리데기 공주〉는 어떠했는가. 여자라 하여 태어나자마자 참혹하게 버려졌다. 그러나 그녀는 부모가 죽어가자 온갖 고통을 이겨내고 고행을 겪은 후 목숨을 살리는 약을 찾아낸다. 버려졌던 딸이 부모를 죽음으로부터 구해낸다. 그것 또한 여자의 길이라고 가르쳤다. 〈선화공주〉는 바보 남편을 맞이하여 장수로 키워 나라에 바친다. 내조를 극찬하는 내용이다. 열녀는 불경이부 烈女不更二夫라 했던가. 여자들에게 열녀가 되라고 한 이야기도 야만스럽기는 마찬가지다. 단지 여자라는 이유로 가족을 위해 자신을 희생해야 함을 가르쳤다. 그런 사회가 야만적인 사회가 아닌가.

우리나라는 광복 후 제헌헌법에서 양성평등을 법으로 규정하여 남녀 모두에게 참정권이 주어졌다. 참정권을 얻기 위해 서양의 여성들은 투쟁을 불사하였고 투옥되기까지 하면서 얻어낸 것을 우리나라 여성들은 쉽게 얻었다. 그래서인지 모르나 실제 사회면에서는 아직도 완전한 평등이 실현되지 못하고 있다. 직장에서의 차별, 정년제, 여성의 저임금, 결혼 퇴직제, 비정규직으로 인한 경제적 착취 등이 아직도 존재하고 있다. 노골적으로 차별하지 않는다 해도 피라미드 형태로 구성된 위계와 서열의 우리 사회에서 여성은 평등한 대우를 받지 못하고 있다. 지난 해 양성평등 실태조사에서 직장여성들의 73퍼센트가 구조적 성차별을 수시로 당했다고 했다. 어렵고 귀찮은 일은 다 여성에게 몰아주고 특히나 온라인에서 여성혐오가 범람하고 있는 것도 부인할 수 없는 사실이다. 또한 우리나라의 강경우파는 남녀 갈라치기를 하여 정치적 도구로 이용하기도 한다. 우리 사회가 갈수록 서로를 차별하고 인권이 과거로 회귀하는 느낌마저 들 때가 종종 있다. 세상은 강자의 역사로 이루어져 왔다. 강한 힘을 지닌 남자의 역사로 인해 상대적으로 힘이 약한 여자는 설 자리가 없었다. 그래서 여성들은 독묻은 세월을 견뎌야만 했다.

  성평등과 학생인권 교육을 축소해야 한다고 주장한 교육감 후보가 있었다. 이런 시대착오적인 생각을 가진 사람과 이 시대에 함께 살고 있다는 것이 슬프다. 〈차별금지법안〉을 가장 반대하는 사람들이 기독교계 사람들이라는 것 또한 놀랍다. 이런 사람들과 동시대를 살아간다는 것에 비애감을 느끼지 않을 수가 없다. 〈차별금지법〉 제정을 규탄하는 그들의 설명을 들으며 '이웃을 내 몸 같이 사랑하라'. ' 원수를 사랑하라'고 가르친 예수의 말씀은 그들에겐 한낱 성경 구절일 뿐이란 것을 실감했다. 그들의 그 천박하고 독선적인 모습에 가슴이 먹먹하다. 특정 집단에 대해 차별하고 혐오하는 망언을 하는 단체들, 남을 괴롭히고 저주해서 자신들은 얼마나 행복할까. 알 수가 없다.

남녀의 평등! 양성의 평등!

평등은 힘의 균형이 이루어질 때 가능하다고 생각한다. 남녀의 힘의 균형은 절대로 이루어질 수가 없기에 구호만으로는 해결할 수 없는 난해한 문제다. 〈여성발전기본법〉 제정을 거쳐 〈양성평등기본법〉이 제정된 지가 30여 년 가까이 된다. 그럼에도 불구하고 크게 달라진 것이 없는 것 같아 보인다.

우리나라 헌법 11조 1항에

"모든 국민은 법 앞에 평등하다. 누구든지 성별 종교 또는 사회적 신분에 의하여 정치적, 경제적, 사회적, 문화적 생활의 모든 영역에 있어서 차별을 받지 아니한다"

라고 명시되어 있다. 법조문은 찬란하다. 하지만 구체적인 시행 규칙이 없다. 너무 추상적이고 모호하다. 그냥 법조문에 불과할 뿐이다.

법은 엄연히 존재하나 우리나라의 성평등지수는 매우 낮다. 교육과 수명壽命을 중심으로 한 성평등지수는 높은 수준인 것과 달리 경제적 참여와 정치적 권한을 중심으로 하는 성격차지수(GGI)는 세계 최하위권인 115위라는 부끄러운 통계수치다. 글로벌시대 다른 나라와 비교

해 볼 때 이렇게 우리는 불평등한 세상에 살고 있다. 심사숙고해야 할 문제라고 생각된다.

　남녀가 불평등하다고 하는 것은 각자의 견해 차이이기도 하다. 여자들이 자신들이 불평등한 대우를 받고 있다고 호소하면 남성들도 항변을 한다. '왜 남자만 군대에 가야하느냐'고. 가장 첨예한 문제다. 남성들의 입장에서 보면 당연히 나올 수 있는 말이 아닌가. 피 끓는 젊은 세월을 군대에 붙잡혀 억압과 규율 속에서 자유를 유보한 채 몇 년을 지내야 하는 그들의 아우성이 이해가 되기도 한다. 그들이 제기하는 불평등을 해소하기 위해서는 새롭고 합리적인 제도가 여성에게도 필요하지 않을까 싶다. 남성과 동일한 시스템을 가지는 것이 아니라 그에 버금가는 제도가 있어야 한다는 것이다. 적과 첨예하게 대치하고 있는 상황이고, 상대적으로 영토가 좁은 나라가 강대국들로부터 나라를 지키고 자기 자신을 지키기 위해서는 여성들도 힘을 기르는 것이 옳다고 본다. 아니면 징병제가 아닌 모병제 실시를 고려해 보는 것도 한 방법이지 않을까.

　양성평등의 전제조건은 모든 인간은 평등하다는 것에서부터 출발해야 한다. 모든 사람이 평등하지 않은데 성평등부터 말하는 것은 어불성설이 아닐까. 인간을 사냥하고, 사고팔고 인간의 몸에 족쇄를 채워 동물처럼 학대했던 역사를 우리는 똑똑히 기억하고 있다. 인간이 인간에게 행하는 가장 추악한 범죄는 인간을 인간으로 보지 않는 것에서 출발한다. 갖가지 범죄가 그런 것이다. 전쟁이 그렇고, 학대가 그렇고, 고문이 그렇고, 성폭력이 그렇고 보이지 않는 온갖 차별이 그렇다. 사람의 소중한 인권을 안다면 그렇게 할 수가 없는 것들이다. 여성 상위 시대니 뭐니 하는 말들이 있지만 국제사회와 비교하면 어림없는 말이다.

지금 이 순간에도 인간 이하의 대접을 받으며 고통을 감수하고 살아가는 사람들이 헤아릴 수 없이 많다. 그 문제를 해결하지 못한 채 양성평등 문제를 논하는 것은 공허한 말이다. 상대방에 대한 이해와 배려가 이루어지고 난 후에야 남녀평등도 이루어진다고 본다. 2022년 많이 달라졌다. 그럼에도 불구하고 아직도 부족하다. 양성평등법, 차별금지법 너를 위하고 나를 위한 법이다. 우리 모두를 위한 법이다. 단지 여자라는 이유로, 남자라는 이유로 차별당하지 않는 양성 모두가 평등한 나라를 꿈꾸어 본다. (2022)

4부

하산길에서

억새꽃의 계절

　민둥산에 올랐다. 가을과 겨울이 팽팽한 힘겨루기를 하던 11월의 어느 날이다. '아, 으악새 슬피 우는 가을인가요/ 지나친 그 세월이 나를 울립니다.'라는 노래를 흥얼거리며 도착한 정선에 자리한 4대 명산이라는 곳이다. 8부 능선쯤 힘들게 올라가서 보니 정상까지 온통 억새밭이다. 꽃보다 고운 만산홍엽이 떠난 자리에 억새가 은빛 세상을 만들고 있다. 온통 은빛 정원이다. 아니 억새 바다다. '와아~' 함성이 절로 나온다.
　온 산야를 뒤덮은 억새의 물결이 쏟아지는 햇빛을 받아 보석처럼 빛난다. 눈꽃처럼 새하얗게 핀 억새꽃과 맑고 시리도록 푸른 하늘이 조화를 이루어 환상적인 은색의 물결로 출렁인다. 바람을 타고 일렁이는 저들의 춤사위에 몸을 맡기고 억새꽃이 만발한 산길을 걷노라니 온갖 잡다한 상념들이 사라지고 청량한 바람이 가슴 하나 가득 스민다. 삼삼오오 어우러져 늦가을의 정취를 만끽하고 있는 이들도 이곳저곳에서 추억을 남기기 위해 인증 사진을 찍느라 분주하다. 지금 이 순간 우리 모두는 한 폭의 풍경화가 된다.

억새꽃은 황량한 산야를 하얗게 빛내주는 가장 늦게 피는 꽃이다. 나무도 자랄 수 없는 바람 많은 산정분지, 무덤 많은 야산 발치, 나루터 모래언덕 등에 군락을 이루어 산다. 자생 여건이 나쁜 버려진 자투리 땅에 뿌리를 내리고 씩씩하고 모질게 자라서 늦가을 텅 비어가는 산야를 은색으로 물들인다. 단풍도 들국화도 쑥부쟁이도 모두 스러져 빛을 잃어갈 때 피어나 우리 눈을 맑게 해 준다. 그런가 하면 고난과 역경의 역사를 지니고 있으면서도 강인함을 잃지 않는 우리 민족을 닮은 수수한 꽃 같기도 하다.

지난 늦은 가을 강화도 해안의 단애斷崖를 뒤덮고 있던 은빛 물결이 떠오른다. 그들의 모습을 카메라에 담는 동안 강한 바닷바람에 온 몸을 내 맡긴 채 바람의 숨결을 따라 쓰러졌다 다시 일어서기를 반복하는 그들 속에 어기차게 살아낸 우리네 어머니, 아버지, 이웃들의 모습이 투영되었다. 왜 그런지 모르게. 바람을 타고 들려오는 억새들의 수런거리는 소리를 듣는다. 속삭이는 것도 같고, 한이 서린 애절한 소리 같기도 하다. 척박한 환경 속에 뿌리를 내리고 한 생을 살아가느라 힘겨웠던, 그럼에도 쓰러지지 않고 버텨낸 뒤에 토해내는 그런 소리가 아닐는지.

오래 전의 기억이 떠오른다. 메마른 계절을 지나 꽃눈이 트기 시작하면 아이들의 손길에 의해 개나리, 진달래, 나리꽃이 꽃병을 채우고, 학교 앞산 언덕에 억새꽃이 피면 억새꽃 한 아름이 교무실 꽃병에 꽂히곤 했다. 가을의 끝자락 난방이 되기 직전의 교무실은 춥고 을씨년

스럽기만 한데 그런 날 억새꽃 한 다발은 위안이 되기도 했다. 그때의 기억에도 억새꽃은 내게 많은 이야기를 해 주었고 그와의 대화를 통해 상한 마음이 위로가 되기도 했다.

억새의 이미지는 투박하고 질기지만 그가 피워낸 꽃은 솜이불처럼 포근하다. 억새의 서걱거리는 소리는 가을이 들려주는 교향곡이 아닐는지. 푸르렀던 지난날의 모습을 온 힘을 다해 삭혀낸 뒤 토해내는 절절함이 묻어나는 소리다. 애정, 친절, 활력, 은퇴, 등 그를 지칭하는 다양한 꽃말이 이를 대변해 주고 있지 않은가. 꽃말 속에는 이상하리만치 우리네 삶의 모습이 녹아있다. 주어진 삶을 온전히 살아내고 은빛 머리칼을 휘날리며 서 있는 저들의 모습에 한동안 마음이 머문다.

지난 시절에 집착하지 않고 자연 그대로를 받아들일 줄 아는, 생의 끝자락에서도 황량한 계절에 산과 들을 하얗게 물들이는 억새꽃이야말로 품격 있는 노인을 닮은 꽃이 아닌가. 늙음을 한탄하지 않고 조용히 자연에 순응하며 곱게 늙어가는 노인을 닮은 꽃. 그의 모습 속에 눈처럼 흰 머리칼을 바람에 날리며 주름진 얼굴도 인생의 훈장이라 받아들이며 의연한 노신사의 모습이 투영된다.

민둥산 억새밭에 바람이 분다. 바람에 흔들리지 않은 꽃이 없듯이 우리네도 이리저리 흔들리며 한 생을 살아간다. 삶의 끝자락에 다다른 시점에 서서 바람에 흔들리는 억새의 유연하면서도 강인한 모습에서 삶의 지혜를 배운다. 나이 듦을 순리로 받아들이며 노년의 삶을 당당히 살아내는 이들과 함께 황혼의 들녘을 아름답게 물들이는 삶을 살

수 있기를 소망한다. (2019)

미장원에서의 단상

 미장원에 왔다. 머리를 자르고 염색을 하기 위해서다. 벌써 20여 년 가까이 하고 있는 월중행사의 하나다. 머리를 자를 때마다 머리 때문에 갈등을 겪었던 지난 일들이 떠오르곤 한다.
 중학교 다닐 때 일이다. 수업시간에 생활지도부 선생님들께서 들어오셔서 머리가 귀 밑 2cm 보다 긴 학생들의 머리에 가위를 들이댈 때가 있었다. 어느 날 충격적인 사건이 일어났다. 선생님께서 머리가 조금 긴 친구에게 가위를 들이대는 순간 저항의 표시로 고개를 돌려버렸다. 그 바람에 뒷머리가 거의 잘려나가고 말았다. 우리들은 모두 비명을 지르고 말았다. 가만히 있었으면 거의 표시도 안 나게 잘라주는 것이었는데 얼떨결에 난 사고였다. 그 친구는 이튿날 숏커트를 하고 나타났다. 우리들은 또 경악했다. 전교생 중 유일한 머리 모양이었다. 학생회의에서 매번 머리를 기르게 해 달라고 건의를 하곤 했지만 번번이 묵살되었다. 교칙은 요지부동이었다.
 고등학교를 졸업하자마자 반항이라도 하듯이 머리를 길렀다. 긴 머리에 짧은 치마를 입고 속박으로부터 해방된 자유를 만끽하였다. 그러나 그것도 그리 오래 가지 않았다.

  새내기 교사로 부임을 하자 교감 선생님께서 교사로서의 품위 유지와 책무에 대한 교육을 하였다. 특히 내 머리에 문제를 제기하였다. 갈색 머리인 내게 염색을 하지 말라는 것이었다. '원래 이런 색'이라고 반박하자 검은 색으로 하라는 것이었다. 너무 어이가 없어 할 말을 잃었다. 뭔가 앞뒤가 맞지 않았다. 이후 머리 때문에 평탄하지 않은 시간이 지속되었다.

  학교생활은 쉽지 않았다. 새벽부터 저녁까지 노동의 연속이었다. 집에서도 아이 돌보랴, 집안 일 하랴, 나에게 신경 쓸 여력이 없었다. 관리하기 힘든 긴 머리부터 댕강 잘라버리고 그렇게도 싫어했던 단발머리를 하였다. 한결 편해졌다. 나이가 들어가면서 단발머리도 버거워지자 숏 카트를 하게 되면서 머리에는 별 신경을 쓰지 않게 되었지만 문제는 흰머리가 나기 시작한 것이다.

  40대부터 여기저기 새치가 나자 보이는 것은 가차 없이 뽑아버렸다. 고통스러웠지만 달리 방법이 없었다. 해가 지날수록 흰 머리가 많아지기 시작했다. 뽑는 것을 더 이상 감당하기가 힘들 쯤 되자 미용사가 염색을 권유하였다. 염색을 하면 두피가 상한다는 것을 알고 있었지만 다른 도리가 없었다. 더구나 학생들 입에서 생각하지도 않은 말이 나왔다. '할머니 선생님'이라고. 정신이 번쩍 들었다. 염색을 선택할 수밖에 없는 상황이 된 것이다. 왠지 모르게 서글퍼졌다. 이런 심정으로 옛 선인이 탄로가(嘆老歌)라는 시조를 읊었는가 보다.

"한 손에 가시 들고 또 한 손에 막대 들고/ 늙는 길 가시로 막고 오는 백발 막대로 치렀더니/ 백발이 먼저 알고 지름길로 오더라."

흰 머리는 나이듦의 표상이 아닌가. 그래, 이게 자연의 이치인데 오는 백발 무슨 수로 막을 수 있겠는가. 겸허하게 받아들여야지. 애써 태연한 척했다.

지인들 중에 염색을 하지 않으시는 분들이 있다. 애써 흰 머리를 감추려 하지 않는 것이다. 당당하고 멋스러워 보인다. 나는 아직 그럴 자신이 없다. 언제 염색을 하지 않고 자연스럽게 흰 머리를 받아들일지 알 수가 없다.

머리는 제 2의 얼굴이라고 한다. 머리 모양에 따라 이미지도 달라 보이고 종족에 따라 모양도 색깔도 다르고 또는 신분을 나타내기도 한다. 머리에 온갖 신경을 쓸 수밖에 없는 연유가 아닌가 싶다. 나이에 따라 나의 머리 모양도 달라지고 색도 변하였다. 그 모든 것이 편리한 것으로의 변화였다. 오늘도 머리만 자르고 염색을 할까 말까, 시계추처럼 생각이 왔다갔다 하다가 결국 또 염색을 하고 말았다. 언제까지 머리를 자르고 염색을 해야 할지 모르겠다.

이제는 머리를 자르는 것도 염색을 하는 것도 귀찮아지면서 삭발을 하고 싶은 유혹을 느낀다. 미용사는 스님처럼 보이니까 안된다고 말린다. 예전처럼 직장에 다닐 때는 남을 의식하여 머리를 자르고 염색을 했지만 지금은 남을 의식하지 않아도 되는데 미장원을 다니고 있는 것을 보면 사람은 죽을 때까지 머리에 신경을 쓰지 않을 수 없나 보다.

　오늘도 미용사의 부드러운 손길을 느끼면서 혼곤히 잠에 빠졌다. 밤에 잠을 못 자서 수면제를 복용하는 내가 미장원에만 가면 잠을 자니 희한한 일이다. 머리를 깎고 염색을 하고 나면 기분이 상쾌해진다. 갈등을 겪다가 가는 곳이지만 나올 때는 즐거워지니 이 또한 알 수 없는 일이다. (2018)

불청객

　60대 말에 뜻하지 않은 복병을 만났다. 내 몸의 모든 기능이 마비되어 가는 것 같은 통증이 느닷없이 찾아왔다. 소화불량으로 먹지를 못하자 몸은 하루가 다르게 말라가기만 하고 몸은 갈갈이 찢기는 듯한 통증에 시달렸다. 갑자기 쓰러져 여러 차례 응급실에 실려가기도 하고 여러 병원을 전전했지만 검사 결과는 이상 없음이었다. '당장 죽어도 좋으니 병명만이라도 알았으면 좋겠다'고 하소연하였지만 명확한 대답을 얻지 못했다. 한 번도 경험해 보지 못한 아픔이다. 통증에 완전히 정복당한 것 같았다. 꼭 전기고문을 당하는 듯이 온몸에 전류가 통하는 것 같은 괴이한 통증이다. 내 몸의 모든 세포들이 다 들고 일어나 요동을 치는 것도 같았다. 이게 죽음의 길인가 하는 생각이 들기도 했다. 몸이 조락한 나무처럼 말라가자 마음도 강말라 갔다. 우울증이라며 의사가 처방한 약은 몸을 더 시들게 만들었다. 몸의 통증은 정신을 나약하게 하고 생명을 놓아야겠다는 생각을 하게 만들었다. 마음이 허약해지자 감성적이 되었다. 어떻게 하면 평화롭게 레테의 강을 건널까를 구체적으로 고민하며 셀 수 없는 날을 허덕거렸다. 죽음

너머에는 무엇이 있을지 모르겠지만 현실의 통증은 사라지는 것이 아닐까 하는 막연한 기대 같은 것을 하기도 했다. 함량 높은 진통제를 복용하며 통증을 다스려보려 했지만 소용이 없었다. 깊은 잠을 잘 수도 없었다. 잠이 들면 악몽에 시달렸다. 물에 빠져 허우적거리는 꿈, 무언가에게 쫓기는 꿈, 피를 토하고 죽는 꿈, 깨어나 보면 온 몸은 땀으로 범벅이 되어 끈적거렸다. 알 수 없는 두려움이 안개처럼 깔리고, 주위의 것들이 흩어져 사라지는 느낌에 때로는 소스라치게 놀라기도 하였다.

삶에 지친 파우스트가 죽음 뒤의 축복을 상상하며 독배를 마시려고 했던 그의 심정을 이해하고도 남는 시간들이었다. 그렇게 절망의 늪으로 한없이 빠져들었다. 내 손으로 생명을 끝내지 않는 한 도리없이 늙고 병들어 죽는 과정을 거쳐야 하니 단 하루를 살더라도 건강하게만 살다가 다른 세상으로 가게 해 달라고 하늘을 향해 비는 시간이 늘어났다.

인간에게 불을 훔쳐다 주어 간을 쪼아 먹히던 프로메테우스의 고통이 이런 고통이 아니었을까 하는 생각을 수시로 하게 한 시간들이었다. 생노병사生老病死는 그 누구도 피해갈 수 없는 인간의 운명. 그러나 병이 없이 살아가는 행운아도 있는 것을 보면 꼭 인간의 운명만은 아니지 않은가 싶기도 하다.

끝없는 통증이 내가 겪어야 할 일이라면 받아들일 수밖에 없지 않은가. '통증도 내 삶의 한 부분이라'는 어느 철학자의 말을 떠올리며 겪어내야 한다고, 그래야 한다고 수도 없이 다짐하곤 하였다. 통증은 살아있다는 확실한 증거이며 축복이라고.

　육체를 잘 보살펴야만 영혼이 머무르고 싶은 것이라는 말에 공감하며 건강한 몸에 건강한 정신이 깃든다는 말을 곱씹어보게 되었다. '마음이 가면 몸도 간다'고 누군가가 말했는데 그 말은 건강한 몸일 때만 가능한 말이지 싶다. 걷기도 힘들고 밥 먹는 것조차 버거운 몸이 무엇을 할 수 있다는 말인가. 건강했던 지난 세월이 새록새록 되살아나며 건강관리 제대로 못한 자신에 대해 원망을 할 수밖에 없었다. '체력은 국력'이라며 스포츠로 온 국민의 힘을 몰아갈 때 체력은 체력이고 국력은 국력일 뿐이라고 조롱했던 기억이 있다. 체력은 국력 이상의 힘을 가지고 있다는 것을 이제야 알게 되었다. 참 때늦은 깨달음이 아닐 수 없다. 건강은 건강할 때 지켜야 한다는 아주 상식적인 것을 건강을 잃고 난 후에야 알게 되었으니 딱하다.

　신은 인간이 감당할 수 있는 만큼의 고통을 준다고 하니 그 말을 믿어보아야 할 것 같다. 아무것도 가진 것 없어도 좋으니 건강하게만 살게 해 달라고 믿지도 않는 신을 향해 두 손을 모은다. 통증을 느끼지 못하는 무감각증은 통증보다 더 무서운 질병이라는 것을 알게 되면서 통증은 내 몸을 지키려는 방어시스템이라고 하니 감사할 일이 아닌가 싶기도 하다. 고통을 느껴야만 위험을 피해 자신을 지키려고 한다는 것이다. 통증도 내가 함께 해야 할 것이라고, 내가 살아 있는 증거라고 계속 억지를 부려본다. 참고 살아가노라면 통증도 사라지지 않을까. 모든 생명은 자연이 허락한 만큼만 존재하다가 사라진다고 하니 그때까지 통증을 감내하며 기다리는 수밖에 다른 방법이 없는 것 같다. 이 또한 인간의 한계가 아닌가.

1년여 동안을 은둔과 기아상태로 침대에 묶여 지내다 보니 내 몸의 근육은 거의 소실되고 기운도 다 소진되고 몸무게 4분의 1이 사라졌다. 그것만이 아니었다. 인터넷의 모든 싸이트도 차단되었다. 이메일조차도 보낼 수 없게 되었다. 세상과 완전히 단절된 느낌이었다. 이 까칠하고 못된 손님은 그렇게 나를 망쳐놓고는 사라졌다.

삶의 모든 것들이 예전과는 전혀 다른 의미로 다가온다. 죽을 고비를 넘기면서 뼈아프게 느낀 것은 인생 앞에서 겸손해야겠다는 마음이다. 언제 무슨 일을 당할지 아무도 모르는 일이니까. 그리고 내 힘으로 걸어다닐 수 있다는 것에 감사하며 오늘을 살아야 하겠다는 것을.
(2023)

만우절날 아침에

어느 해 만우절날 아침이었다. 직원 조회를 마치고 운동장 조회를 하러 나가려고 신발장 문을 열었다. 내 신발은 간 곳이 없고 웬 남자 신발이 들어와 있었다. 수십 개나 되는 신발장 문을 열고야 내 신발을 찾았다. 다른 선생님들도 마찬가지였다. 한동안 난리가 났다. 어이없어 웃을 수밖에. 수업을 들어가려고 분명 3학년 교실에 왔는데 학급 패찰이 바뀌어 있다. 1학년은 2학년으로 2학년은 3학년으로 1반이 5반으로 뒤죽박죽이었다. 그것만이 아니었다. 학생도 1, 2, 3학년이 뒤섞어 앉아 있었다. 그날 학교는 그야말로 아수라장이었다. 그래도 학생들은 선생님들을 골려주었다는 데에 즐거움을 느끼며 하루를 보냈고 선생님들도 학생들을 크게 나무라진 않았다.

언젠가 인터넷에 설악산에 있는 흔들바위가 비바람과 폭풍을 견뎌내지 못하고 굴러떨어졌다는 뉴스가 떴다. 우리는 한동안 슬픔에 빠졌다. 흔들바위는 우리나라의 중요 관광지의 한 곳이자 학생들이 즐겨찾는 수학여행지이기도 해서 아쉬운 마음을 달랠 수가 없었다. 설악산의 명승지 한 곳이 사라졌다는 것에 한동안 허둥댔다. 그러나 그

뉴스는 만우절날 거짓말이었다. 퇴직을 하고 아이들하고 만날 일이 없으니 만우절 날 학교에서 어떤 일이 일어나고 있는지도 모르고 그 날을 기억하지 못하고 지나가는 해도 부지기수다. 그러다 보니 웃을 일이 별로 없어 심심한 날들이 끊임없이 이어진다.

만우절날은 항상 정직하게 사는 사람들이 이날 만은 악의가 없는 거짓말이나 장난을 치는 것이 허용되는 익살스러운 날이다. 유래가 확실하지는 않지만 세계 여러 나라에서 유사한 시기에 비슷한 기념일이 존재하고 있다. 서양에서는 착한 거짓말을 하얀 거짓말이라 하고 나쁜 거짓말을 빨간 거짓말이라고 부르기도 한다.

만우절은 딱 하루인데 매일매일이 만우절인 사람들이 있다. 정치인들이 아닐까 싶다. 그들은 참으로 거짓말을 잘 하는 것 같다. 나 같은 사람은 그들이 하는 말이 거짓말인지 참말인지 구분할 능력조차 없다. 그 정치인들이 하도 거짓말을 잘해서 나는 그들의 말을 반도 믿지 않는다. 이 또한 국민의 한 사람으로서 비극이 아닐까 싶다. 그래서 슬프다. 아프기도 하다. 그 거짓말 때문에 모든 국민들이 항상 스트레스를 받고 있으니 말이다. 가짜 뉴스가 판을 치는 미디어 매체도 한두 군데가 아니다. 이 또한 나라를 병들게 하는 불행한 일이 아닐 수 없다.

어렵고 힘든 세상 단 하루만이라도 착한 거짓말로 하루를 즐겁게 보낼 수 있다면 그 또한 의미 있는 날이 아닐까 싶기도 하다. 이런 거짓말은 어떨까. '오늘부터 남과 북의 자유 왕래가 조인되었데요'. 아니면 '우리 나라 사람이 암 정복을 위한 신약을 개발하여 노벨의학상을 타게 되었데요', 또는 '어느 재벌이 국가에 전 재산을 헌납하였답니다'. 비록 거짓말일지라도 그 순간만은 행복에 겨워 춤이라도 추지 않을까! 물론 법적인 문제가 발생하지 않는 한도 내에서 말이다.

  오늘 만우절은 그것과 관련된 아무 소식이 없다. 하기야 1년 내내 가짜 뉴스로 판을 치는 세상이니 만우절이 필요 없기도 한 것 같다. 거짓말 없는 세상이 되면 우리네 삶은 지금보다 더 좋아지지 않을까.
(2018)

하산下山 길에서

　거금도 적대산 정상에 올랐다. 기쁨과 감격으로 함성을 지르고, 내려오는 길에 다리가 풀렸다. 조심조심 발을 옮겼으나 돌을 잘못 디뎌 넘어지면서 산 아래로 굴렀다. 구르면서 '이렇게 죽을 수도 있구나' 하는 생각을 하면서 정신을 잃었다. 까마득한 심연 속으로 빠져드는 것 같았다. 그 짧은 순간에 수만 가지 생각이 뇌리를 스쳐갔다. 이렇게 말 한마디 못하고 죽는다는 것이 허망하기 짝이 없었다. 의식을 차렸을 때는 일행들이 주위에 모여 걱정을 하고 있었다. 119를 불러야 하는 것 아니냐면서 상태를 물었다. 다행히 아무런 상처도 입지 않았다. 등산보다 하산이 더 어렵다는 것을 실감한 끔찍한 사건이었다. 그날 이후 내 인생에서 등산은 사라졌다.
　등산을 한다는 것은 결국 하산을 전제로 하는 것이 아닌가. 산의 정상에 올랐으면 반드시 내려와야 한다. 문제는 내리막길이다. 오르막길보다 더 조심스러운 길이다. 등산 도중 내리막길에서 사고가 더 많이 나는 것을 보면 틀린 말은 아닌 것 같다. 오르막길은 천천히 숨고르기를 하며 목적지를 향해 한 발 한 발 올라간다. 그러나 내리막길은

급하다. 가속도가 붙는다. 왔던 곳으로 돌아가는 것이라는 안이한 생각으로 방심하는 바람에 발을 헛디뎌 넘어지기 일쑤다. 오르는 것도 힘겹지만 내려오는 것은 더 조심해야겠다는 것을 잊어서는 안 되리라.

 삶의 목표를 설정하고 그것을 이루기 위해 숨 가쁘게 달려와 맞이한 정상 그곳에 잠시 머문 뒤 퇴직이란 이름표를 달고 하산했다. 그 길은 가보지 않은 길이기에 두렵다. 지나온 길을 되돌아보면 환희로 충만한 날도 있었고 무거운 짐을 지고 언덕을 향해 버거워하며 걸어온 날도 있었다. 숙명처럼 걸어온 나그네 길이었다.

 우리네 인생은 정상에 오르면 반드시 하산을 해야만 한다. 한 발자국 한 발자국 오르다 보면 정상에 오르고 다시 내리막길이 있고 그 끝에 삶의 종착역이 기다리고 있다. 지금 나의 일상은 내리막길을 가고 있다. 늙어가는 이 길에 온갖 복병들이 기다리고 있다. 한 군데 두 군데 여기저기 불쑥불쑥 통증이 찾아온다. 의사도 막을 수가 없다고 한다. 그냥 고스란히 당할 수밖에. 등산하는 길에는 없었던 것들이 하산하는 길에는 무수히 나타나 갈 길을 막는다. 발을 잘못 디뎌 넘어지는 일도 허다하고, 수시로 이 병원 저 병원을 찾아다녀야 하는 몸이 되고, 질병으로 인한 인격과 자존감의 파괴는 고통스럽기도 하지만 수치스럽기도 하다. 여유 있고 품위 있는 노년을 보내고 싶은 것이 소망이건만 내 뜻대로 되지 않으니 어찌해야 할지 모르겠다.

 살아생전 어머니는 하나님께 항상 기도를 하셨다. 자신도 고생하지 않고 자식도 고생시키지 않고 아프지 않고 살다가 죽음을 맞이하기를 간절히 빌고 또 비셨다. 그러나 하나님은 그 간절한 그 기도를 외면하셨다. 어머니는 온갖 질병과 싸우다 결국 지고 마셨다.

산의 정상에서 조심스럽게 하산을 하듯이 인생의 내리막길에서도 서두르지 말고 느긋한 마음, 편안한 마음으로 인생의 하산을 맞이해야만 하겠다. 욕심도 버리고, 아집도 버리고 명예도 버리고, 미련 없이 홀가분한 마음으로 천천히 내려와야 하겠다고. 인생의 하산길에서 발을 헛디뎌 추락하는 일이 없기를 바라는 마음 간절하다.

고희도 중간을 향해 가는 나이, 이제는 서서히 인생의 하산을 준비해야 할 때가 온 것 같다. 그 시간이 얼마나 남았는지 모르겠다. 건강이라는 돌부리에 걸려 넘어지기도 할 테고 고집이라는 돌부리에 걸려 넘어질지도 모른다. 그렇게 되지 않기를 빌어본다. 온 곳으로 되돌아가야 할 시간이 점점 가까워진다는 느낌이 든다. 하산하는 길이 까마득하다.

적대산 정상은 나에게 말해 주고 있다. 인생의 해가 지면 삶의 길에서 떠나야 하는 것이 인간들의 운명이라는 것을. (2020)

이루어질 수 없는 사랑

 전국 최대 규모의 상사화 자생지, 불갑산의 상사화 축제장을 찾았다. 입구에서부터 상사화가 만발하여 꽃바다를 이루고 있다. 흐드러지게 핀 상사화 꽃길을 걷노라니 붉은 양탄자 위를 걷는 것 같아 황홀하기 그지없다.
 모든 봄꽃은 꽃이 지고 잎이 핀다. 상사화는 봄에 잎이 올라왔다가 흔적도 없이 사라진 후 초가을 핏빛 같은 꽃을 피운다. 무더운 여름을 지나 허공으로 진초록의 가늘고 긴 꽃대 위에 꽃송이를 피워낸다. 잎이 있을 때는 꽃이 없고 꽃이 있을 때는 잎이 없어 꽃과 잎은 절대로 만나지 못한다는 꽃이 상사화다. 영원히 만날 수 없는 여름과 겨울처럼. 잎은 꽃을 그리워하고 꽃은 잎을 그리워한다고 해서 이루지 못한 남녀의 애틋한 사랑을 나타낸다는 전설이 전해지고 있다. 이보다 더 슬픈 꽃의 전설은 없지 않을까 싶다. 거기다가 스님의 슬픈 사랑이야기 까지 더해지니 꽃을 대하는 마음이 애달프다.
 옛날 금슬이 좋은 부부에게 늦게 얻은 딸이 있었는데 아버지가 병환으로 돌아가시자 아버지의 극락왕생을 빌며 백일 동안 탑돌이를 시작한다. 이 절의 수발승이 여인에게 연모의 정을 품었으나 스님의 신분으로 이를 표현하지 못하고 여인이 불공을 마치고 집으로 돌아가자 그리움에 사무쳐 시름시름 앓다가 숨을 거두고 만다. 이듬해 봄 스님의 무덤에 잎이 진 후 꽃이 피어나니 세속의 여인을 사랑하여 말 한마디 건너지 못한 스님을 닮았다 하여 상사화라 전해진다. 만날 수 없는 상사화의 사랑이 눈물겹고 그 꽃말이 애잔하다.

계율이 목숨보다 사랑보다 더 중요했던가!

꽃에 대한 전설은 하나 같이 비극적이다. 대부분 이루지 못한 슬픈 이야기가 많다. 백일 동안 꽃이 핀다는 백일홍의 전설도 상사화처럼 애닯기는 마찬가지다. 옛날 바닷가 마을에서 이무기에게 처녀를 바치고 있었다. 어느 날 한 처녀가 이무기에게 바쳐지는데 이때 한 영웅이 나타나서 자신이 처녀 대신 가서 이무기를 퇴치하겠다고 나섰다. 영웅은 처녀와 헤어지면서 자신이 성공하면 흰 깃발을 달고 돌아올 것이고 실패하면 붉은 깃발을 달고 돌아올 것이라고 약속하고 떠났다. 영웅이 이무기를 퇴치하러 떠난 지 100일이 되자 영웅을 태운 배가 돌아왔는데 붉은 깃발을 달고 있었다. 처녀는 영웅이 죽은 줄 알고 자결을 하고 말았다. 이무기와 싸울 때 이무기의 피가 흰 깃발을 붉게 물들이는 바람에 영웅이 죽은 줄 오해한 것이다. 그 뒤 처녀의 무덤에서 붉은 꽃이 피어났는데 100일 동안 영웅의 무사생환을 기도한 처녀의 안타까운 넋이 꽃이 된 것이다. 이 꽃은 100일 동안 붉게 핀다고 하여 백일홍이라 부르게 되었다고 한다.

이루어질 수 없는 사랑의 꽃말을 지닌 꽃들의 전설을 생각하니 비극적인 현대 젊은이들의 애닲은 사랑이야기들이 가슴을 적셔온다. 전설 속에서 사랑하는 사람들이 이루어질 수 없는 것은 장벽이 있었기 때문이다. 스님이라는 신분, 이무기 등의 장애물이 있었다면 현실은 바로 경제적인 문제가 아닌가. 사랑도, 결혼도, 출산도 모두 경제적인 문제 앞에서 포기해야만 하는 각박한 이 현실이 아득하기만 하다. 가난하다고 해서 사랑도 그리움도 버려야만 하는 현실. 인간이 가질 수 있는 모든 것을 포기해야 하는 젊은이들이 우리 이웃에 있다는 것이 전설처럼 슬프기만 하다.

삶이 무엇인지도 모르는 젊은 나이에 가족간의 깊은 원한 때문에 사랑을 포기하고 죽어야만 했던 『로미오와 줄리엣』의 슬픈 사랑이 가슴을 적셔온다. 비극적이면서도 그 죽음의 공포나 비참한 분위기는 나타나지 않고 죽음을 미학적으로 처리하여 감동을 주고 있다. 전설이나 문학작품 속에서는 이루지 못한 애절한 사랑이 더 감동과 여운을 주고 있으니 사람들의 속내는 알 수가 없다.

상사화의 잎과 꽃은 영원히 만나지 못하지만 말린 꽃잎과 줄기와 뿌리는 함께 만나서 그림의 재료가 된다고 한다. 꽃잎과 줄기와 뿌리를 가루로 만들어 함께 섞어 그림을 그리면 그 그림은 색이 변하지 않고 오래 간다는 것이다. 그래서 탱화를 그리기 위해 사찰에 많이 심었으며 또한 약용으로도 쓰였다고 한다. 민가에서는 구근의 녹말을 끓여 먹었다고 하니 꽃말은 슬프나 가난한 백성들이 구황식물로도 쓰인 인간에게 매우 유익한 식물이다.

  살아서는 절대 이루어질 수 없는 사랑이 죽어 가루가 되어 하나로 만나는 것이 상사화라니 참 신기하기만한 꽃이다. 이루어질 수 없는 사랑에 가슴을 앓는 젊은이들을 애닮아하며 상사화 축제장을 떠났다. 사랑을 포기해야 하는 이 비극 앞에 우리가 할 수 있는 일은 무엇이 있을까 고민도 하면서. (2022)

회오리바람

오늘도 전화기를 붙들고 애원을 한다.
"언제쯤 의식이 돌아올 수 있을까요?"
"기다려 보시지요. 아직 젊으니까 곧 깨어날 겁니다."
"보호자님, 오늘은 응급실에서 중환자실로 옮겼습니다."
"오늘은 고가의 약을 투약해 보려고 하니 동의해 주십시오."
"오늘은 바이탈 상태가 좋습니다."
"오늘은 상태가 나쁩니다."
"오늘은 별 차도가 없습니다. 인내심을 가지고 기다려 봅시다."
 이렇게 하루 한 차례씩 전화가 오고 간다. 면회가 되지 않으니 답답하기만 하다. 면회를 한다고 해서 병세가 나아질 것은 아니지만 애가 탄다. 불길한 시간만 흘러가고 있다. 아무것도 할 수 없이 기다리기만 해야 하는 현실 앞에서 눈물도 나오지 않는다. 어미로서 아무것도 할 수 없는 자신이 원망스러울 뿐이다. 언제 의식이 돌아올지 아무도 모른다. 오직 신만이 알 수 있으려나. 온갖 종류의 공포와 두려움이 시도 때도 없이 밀려들어 속울음을 울 수밖에 없었다.

아들은 보름째 의식이 없는 상태다. 악성 폐렴에 심부전과 호흡곤란, 세 번의 심정지가 오고 그때마다 심폐소생술로 살려내어 생명을 연장하는 기막힌 상황이다. 아들은 저 중환자실에서 살아나올 수 있을까. 살아날 확률 50%, 장담할 수 있는 건 아무것도 없다. 주치의가 바뀌었다. 불길한 마음속을 또 헤적거린다. 휘청거리는 마음을 바로잡을 수도, 물 한 모금 넘기는 것조차 힘들다.

맑은 하늘이 펼쳐진 봄날의 아침이었다. 집에 있어야 할 아들한테서 '몸이 좋지 않아 새벽에 병원에 왔다. 검사 끝나고 집에 가겠다.'라는 전화가 왔다. 어제 저녁 식사 후 명치가 아프고 숨쉬기가 힘들다고 하기에. 체기가 아닌가 싶어 소화제 먹고 일찍 자라고 일렀다. 가볍게 생각했는데 아들은 밤 내 통증을 견디다 못해 새벽에 혼자 병원에 간 것이다. 그런데 웬일인지 검사 끝나면 오겠다던 아들한테서 연락이 없어 조바심하고 있는데 '병원 응급실이니 보호자는 병원으로 빨리 오라'는 전화가 왔다. 허둥지둥 달려 응급실에 도착했다. 아들은 침대에 손발이 묶인 채 목에는 링거를 주렁주렁 매단 기이한 모습을 하고 누워 있는 것이 아닌가. 그 순간 너무 놀라 현기증에 털썩 주저앉고 말았다. '조금만 늦게 왔어도 급사할 수 있었다. 심정지가 와서 심폐소생술을 했고 의식이 없는 상태에서 발작을 일으키는 바람에 손발을 묶었다'는 의사의 설명이다. 그리고 지금은 무의식 상태고 가끔 발작을 일으키고는 있지만 살아 있어 천만다행이란다. 그야말로 어이가 없었다. 차마 눈 뜨고는 볼 수 없는 모습이었다. 차라리 내가 저 자리에 누웠으면 좋겠다는 생각이 간절했다. 찬란한 봄날의 하늘이 갑자기 어둠의 빛깔로 변하는 순간이었다.

　아들은 기나긴 무의식 속에서 무엇을 하고 있는지 알 수가 없다. 고대 이집트인들의 말처럼 신을 만나고 있는지 모르겠다. 산소 호흡기로만 호흡해야 하는 상태, 그것만 떼면 바로 다른 세상 사람이 될 상황이다. 언제 심정지가 올지 모르고 나로서는 살아 있는지 죽은 것인지도 알 수가 없다. 중환자실이란 곳이 생사가 갈리는 곳이 아닌가. 이곳에서 죽는다 해도 전혀 이상한 일이 아니다. 사람은 한 번 태어나고 한 번 죽는데 아들은 세 번 심정지가 왔다가 다시 살아났다. 세 번의 삶과 죽음의 경계를 넘나들고 있다. 그 고통이 어떤 것인지 나는 가늠할 수조차 없다. 살얼음판을 걷는 느낌이랄까. 심정지 환자는 대부분 예전의 상태로 돌아오는 경우가 드물다고 하는데 아들은 어떻게 될까. 방정맞은 생각만이 머릿속을 헤집어 놓는다. 마음이 약해지자 겸손해지고 평소에 하지 않던 기도도 하고 아무런 종교도 믿지 않으면서 언제부터인가 애타게 신을 찾곤 했다. 그것도 모든 신을 다 불러대고 매달렸다. 그렇게 신들 앞에 무릎을 꿇었다. 아들의 병세가 좋았다가 나빴다가를 반복하면서 나는 절인 배추처럼 널브러져 갔다.

　의료진의 노력 덕분으로 아들은 한 달여 만에 의식이 돌아와 중환자실을 벗어나 일반병실로 옮겨졌다. 입원 후 처음으로 아들의 얼굴을 볼 수 있었다. 어둡던 세상이 환해지는 것 같았다. 그때야 겨우 제대로 숨을 쉴 수 있었다. 어둠의 긴 터널을 빠져나온 느낌이랄까. 그러나 퇴원은 요원하였다. 가끔가다 발작이 오고 호흡이 불안정하여 일반병실과 집중치료실을 오가며 치료를 받아야 했다. 그것이 또 보름. 그렇게 아들은 봄 한 철 사경을 헤매다 그곳에서 걸어 나왔다. 지옥이 천국으로 변하는 순간이었다.

코로나가 극성을 부리던 때라 면회도 할 수 없고 음식도 넣어 줄 수 없어 안타깝기만 한 시간들이었다. 이제는 이들이 살아났다는 안도감으로 벅차기만 했다. 생사를 넘나들던 아들은 퇴원 후 안정적인 생활을 하고 있다.

인간에게 언제 찾아올지 모르는 병마, 그것은 인간이 피할 수 없는 운명이지 싶다. 내 선택과는 아무런 관계도 없이 찾아오는 것. 누군가의 말이 아프게 생각난다.

"재물을 잃는 것은 조금 잃는 것이요. 명예를 잃는 것은 많이 잃는 것이요. 건강을 잃는 것은 전부를 잃는 것이다" 라는. 돈도 명예도 건강 앞에서는 부질없는 것 같다. 어느새 계절은 봄을 건너뛰어 여름으로 흐르고 있다. 혹독한 바람이 지나갔다. 이제 훈풍만이 불기를 빌어본다. (2021)

내 영혼의 스승

초등학교 5학년 때쯤으로 기억한다. 시내에 살고 있는 친구의 집에 초대되어 가서 놀라운 것을 목격했다. 벽면을 가득 채운 책과 잘 꾸며진 친구의 공부방은 신세계였다. 좁디좁은 단칸방에서 일곱 식구가 살던 우리 집은 밥상 하나도 제대로 된 것이 없었다. 그런 나에게 그 친구가 사는 곳은 나와는 완전히 다른 세상이었다. 그때 친구에 대한 부러움보다 묘한 절망감에 빠진 것 같았다. 범접할 수 없는 세계, 어울릴 수 없는 관계였다. 알 수 없는 박탈감을 안고 그 친구를 대했던 것 같다. 부러움도 질투도 레벨이 비슷한 사람에게 느끼는 것이지 현격한 차이가 나면 그런 감정도 생기지 않는가 보았다. 무엇인지 알 수 없이 꿈틀거리는 것을 가슴에 품었다. 그 친구는 얼마후 서울로 떠나갔다. 그것이 그녀를 더욱 신비로운 세계의 사람으로 바라보게 했다.

나의 초등학교 시절은 가난이 풍년이었다. 보리밥도 제대로 먹지 못하는 세월이었다. 더군다나 책을 사서 볼 수 있는 것은 언감생심이었다. 지금 생각하면 그 궁핍한 세월을 어떻게 건너왔는지 부모님이 존경스럽기까지 하다.

어렵사리 들어간 중학교에서 나는 학교 도서관을 넘나들며 허기진 영혼을 채워갔다. 예수와 석가를 만나고, 베토벤과 모차르트를 조우하면서 점차 가족과 이웃을 벗어나 동서고금의 인물들을 만나며 좁은 시야를 넓혀 갔다. 어떻게 살아가야 하는가? 어떻게 사랑해야 하는가? 어떻게 살다가 어떻게 죽어야 하는가를 생각하느라 밤새워 불을 밝히기도 했다. 책이 있으면 닥치는 대로 읽으며 책에 대한 목마름을 채워갔다. 책을 읽다가 다음 내용이 궁금하여 책장을 덮을 수 없는 것은 지금도 마찬가지지만 그때는 절제가 되지 않았다. 쉬는 시간 읽다 다음 내용이 궁금하여 수업 시간까지 이어지다 선생님께 발각되어 책을 들고 교무실 앞 복도에서 벌을 받은 적도 여러 번이었다.

나는 스토리가 있는 서사적인 내용을 좋아한다. 삼국지를 읽으며 그 영웅호걸들의 살아가는 모습에 감동이 휘몰아치기도 했고, 팝콘이 터지는 것 같은 희열로 가슴이 두근거리기도 했고, 부채살처럼 번져가는 즐거움에 온몸이 달뜨기도 했다. 슬픈 사랑으로 죽어야 했던 오필리아와 줄리엣이 애처로워 눈물로 시간을 보내기도 했고, 소월의 요절에 가슴 아파도 하고, 윤동주의 아픔에 목이 메이기도 했다. 책들의 세상에 최면이 걸린 듯이 빠져들었다. 괴테를 사랑하고 헷세를 사랑하고 세익스피어를 사랑했다. 로미오와 베르테르를 사랑하고 카츄사를 사랑했다. 나는 짝사랑을 지독히도 했다. 그러면서 그런 비련의 주인공들에게 매력을 느끼기도 하며 서러운 아름다움에 때로는 마음이 허물어져 버리기도 했다. 이 세상의 모든 고통은 나 혼자 짊어진 듯한 모습으로 세상을 바라보기도 했다. 푸른 꿈을 펼치며 살아가야 할 그 싱그러운 나이에 어두운 생각에 함몰되기도 했다. 인생은 덧없고 인간은 비극적일 수밖에 없다는 비뚤어진 생각이 내 의식의 밑바닥에서 꿈틀대기도 한 시간들이었다. 그 시절 나의 의식세계는 모순덩어리였다. 소유하지 못한 것에 대한 갈망과 외모에 대한 열등감, 불확실한 미래에 대한 불안 등으로 오래 아팠고 고뇌의 날들을 보내며 상처도 받고 위로도 받으며 그렇게 혹독한 젊은 청소년기의 파고를 넘어갔다.

 흔들리지 않고 피는 꽃이 없듯이 사람은 누구나 고통을 겪으며 살아간다. 그런 날들이 있지만 행복이라는 꿀처럼 달콤한 순간들이 있기에 오늘을 살아가고 있는 것이 아닌가. 주저앉고 싶을 정도로 힘이 빠질 때 나 자신을 일으켜 세워준 것은 문학작품 속의 인물들이었다. 나보다 더 힘들고 고통스러우면서도 희망의 끈을 놓지 않고 살아가는 사람들을 생각하며 나 자신을 위로하고 추스르고 땅을 짚고 일어서게 했다. 사랑하는 사람에게 심하게 상처받은 아픔으로 오랜 시간 아팠고 그 고뇌의 날들을 책으로 치유받기도 했다. 이것이 책의 힘, 책의 가치라고 믿는다. 글은 참 힘이 세다. '펜은 칼보다 강하다'라는 금언이 가슴을 친다. 촌철살인의 언어들이 세상을 바꾸지 않나 싶다.

 시인 서정주는 '자신을 키운 것은 8할이 바람이었다'라고 했는데 나는 나를 키운 것은 8할이 책이었노라고 생각한다. 책을 통해서 나를 알고 타인을 알고 세상을 알게 되었다. 어느 작가는 '책은 도끼다'라고 했다. 책을 도끼에 비유한 것은 생뚱맞은 것 같지만 공감이 가는 말이다. 책을 읽을 때 얼음이 깨지는 듯이 잠자는 세포들을 깨우는 선명한 흔적을 남기는 글들이 참으로 많다. 살아가면서 한 권의 책이, 얼마나 많은 사람의 삶을 풍요롭게 하는지 수없이 보아왔으니까.

 책을 읽으며 민족과 역사 앞에 떳떳한 사람이 됨을 배우기도 하고, 신과 양심 앞에 참된 사람이 됨을 배우며 감동을 받고, 눈물을 흘리기도 하며 자신을 참회하기도 한다. 또한 이 세상에 속하는 법을 배우기도 하고 인생과 생활을 관조하는 여유와 철학이 담겨 있는 글들에서 삶의 지혜를 얻기도 한다. 홀로 있어 외로울 때 덜 외롭게 위무해 주는 것이 책이라고. 사람들은 책을 통하여 긍정적인 활력을 채우고 인식의 영역이 깊어지고 넓어진다. 삶의 길이가 늘어나고 세상살이의 깊이가 더해진다. '인생이 무엇인가'라는 질문에 답을 해 주는 것도 책이 아니고 무엇인가. 인간의 지식과 지혜의 보물창고다. 또한 영혼의 평화를 찾는 곳도 책이다. 책은 내가 가는 길을 잃지 않고 바르게 가는 길, 험하지 않은 길, 발이 덜 아픈 길, 그런 길을 가라고 가르쳐 주었다. 시대와 공간을 초월하여 삶의 길잡이가 되는 것이 책이다. 인간은 책에 의해서 세상을 알게 된다. 책이 존재하지 않는 세상은 인간 세상이 아닐 것이다.

 수천년, 수만년 아니 인류사가 사라지지 않는 한 책의 생명은 이어질 것이리라. (2024)

일상의 행복

 티베트를 여행할 때의 일이다. 이 나라의 모든 도시는 해발고도가 3,500m 이상이 대부분이다. 떠나기 전에 고산병에 걸리지 않도록 하라는 여러 차례 당부가 있었다. 3,600m 고도인 라싸 공항에 내리자 듣던 대로 머리가 아프고 어지럼증을 느꼈다. 고산병으로 병원에 입원하는 사람도 생겨났다. 다행히도 별 탈 없이 티베트 관광을 마치고 네팔로 넘어가는 일정이 있었다. 해발 5,000여m를 넘어야 했다. 만약의 사태에 대비해 모두들 1회용 산소 호흡기를 구매했다. 작은 병에 든 산소는 5분 정도 마실 수 있는 양이라고 했다. 정확한 가격은 기억나지 않지만 한 2~3천 원은 되지 않았나 싶다. 5,000여m 고도에서 예상했던 대로 두통과 함께 호흡하기가 힘들어졌다. 산소 호흡기를 쓰면서 공짜로 산소를 마음껏 마실 수 있는 삶이 얼마나 소중한 것인가를 그때 처음 절감했다.

 인류는 코로나19라는 전염병으로 전쟁같은 시간을 보내며 삶의 일상이 완전히 꼬이게 되었다. 태어나면서 부터 매일 새로운 것을 대하면서 살아왔는데 그것들 중에서 가장 센 놈을 만난 것 같았다. 눈에 보이면 싸워보든지 아니면 도망을 가든지 할 텐데 이놈은 어떻게 생겼는지 어디에 있는지 전혀 알 수가 없는 데다가 언제 날 공격할지도 모른다. 속절없이 당하고만 있는 것이다. 모든 불안의 근원은 적이 어디에 있는지 모른다는 것이 아니겠는가!

지인들과 밥 한 끼 먹자는 것도 혹시나 해서 두렵고, 친구와 영화 한 편을 보고 싶어도 혹시나 이놈의 침범을 받고 남에게 옮기고 세상에 알려지지는 않을까 해서 조심스러웠다. 식료품을 사러 마트에 가도 혹시 여기 어딘가에 이놈이 숨어서 나를 공격하는 것은 아닌가 하는 두려움이 앞서곤 했다. 상대방을 의심하는 야릇한 세상이 되어 버렸다. 이놈의 공격 대상은 주로 약한 자들이다. 특히 노인들에게는 치명적이라니 더욱 조심스럽다. 하기야 재난은 항상 약한 자를 공격하기 마련이니까.

집 밖으로 나갈 때 쓰고 다녀야 하는 마스크도 불편하기만 했다. 얄궂게도 마스크를 안 쓰고 다니면 남의 눈치가 보였다. 내 행동이 남의 눈치를 보아야하는 현실이 고약하기만 했다. 이것을 오래 동안 쓰면 숨이 가쁘다. 비누나 손세정제를 자주 사용하자 손도 거칠어졌다. 참으로 불편한 시간들의 연속이었다. 어떻게 그 세월을 견뎠는지 아득하기만 하다.

아무렇지 않게 지내왔던 지난 일들이, 그 평범했던 삶들이 얼마나 소중하고 행복했던가를 새삼스레 깨닫고 있다. 코로나를 겪으면서 얻은 교훈이랄까.

내 인생에서 지금보다 더 답답한 시간은 생각이 나지 않는다. 언제든지 목표가 있었고 그 목표를 이루기 위해 노력했고 달성했다. 하지만 이 전염병 앞에서는 아무 것도 할 수가 없었다.

만나고 싶은 사람 만나고, 가고 싶은 곳 갈 수 있는 삶이 행복이지 싶다. 산소가 부족하지 않을 때는 그 소중함과 가치를 모르듯 일상의 소중함도 그와 마찬가지다. 돈 주고도 살 수 없는 일상의 행복이 얼마나 크고 가치 있는 것인가를 새삼 느끼게 한 세월이었다. 정말로 귀한 것은 공기처럼 보이지도 느끼지도 못하는 것들 같다. 배려와 사랑, 친절 등도 돈 주고 살 수 없는 가치 있는 것들이 아닐까. 정말 귀하고 가치 있는 것은 공짜인 것 같다. (2021)

5부

고향별곡

그녀의 시간

관이 내렸다. 어린 자녀들의 통곡과 지인들의 오열 속에 그녀는 한 줌 흙으로 돌아갔다. 어느 죽음인들 슬프지 않은 것이 없건만 그녀의 죽음은 슬픔을 넘어 비통함이었다. 남편 일찍 보내고 오랜 세월 홀로 지내다 사랑하는 사람 만나 행복해지려고 하는 그때 아무런 말 한마디 못하고, 어린 자식들을 남겨두고 10여 년 전에 떠난 남편 곁으로 갔다. 떠나기 하루 전날도 화사한 웃음으로 우리들에게 민화 지도를 했는데 밤새 아무도 모르게 먼 길을 떠났다. 바람처럼.

그녀의 삶은 50세를 조금 넘겼다. 그 시간을 살려고 그토록 치열하게 살았던가. 슬픔을 주체하기 어려웠다. 그 젊음이, 그 재주가, 그 열정이 아깝기만 했다. 그녀의 주변은 항상 즐거움으로 물들었다. 그녀의 바람은 오직 자기로 인해 타인이 행복하면 자신도 행복하다는 것이었다. 천사같은 생각을 가진 여인이었다.

준비되지 않은 그런 죽음을 보면서 나 역시 언제 갈지 모른다는 생각이 문득문득 고개를 든다. 내 몸 이곳저곳이 고장이 나고 병원 신세를 지는 날이 많아지면서부터인 것 같다. '죽음 없는 삶 없고, 삶 없는 죽음 없다'지만 허망하고 허무하기만 한 것이 죽음이 아니던가! 죽음을 초월할 수 있는 사람은 아무도 없기에. 모든 사람은 죽음에 대해 막연한 두려움을 가지고 있다. 누구나 경험해 보지 않은 일이 닥쳤을 때 두려움을 느끼게 되어 있다. 모르기 때문이다. 그래서 사람들은 사후 세계에 많은 관심을 가지고 있는 것이 아닌가 싶다. 사후 세계는 존재할까, 지옥이나 천국은 정말 있을까. 이 질문에 대해 해답을 주는 수많은 책들 중에 〈베르나르 베르베르〉의 소설 『타나토노트』가 있다.

사후 세계를 경험한 대통령이 과학부 장관에게 사후 세계에 대한 연구를 지시하면서 소설은 시작된다. 사람들이 사후 세계를 체험하는 내용이다. 실험하는 도중 죽을 수도 있으므로 사형수들 중에서 희망하는 사람들만을 상대로 진행한다. 영혼과 육체가 분리되어 죽음의 경지에까지 갔다가 다시 현재로 되돌아와서 체험한 내용을 증언한다. 그들에 의하면 죽은 후 천계에 가서 자신이 평생 살아온 행동들에 대해 심판을 받고 영혼은 천사들의 제국으로 간다는 내용이다. 인류 모두의 관심사인 사후 세계를 작가 특유의 상상력과 위트로 죽음에 관한 내용을 가볍고 흥미롭게 다루고 있는 영계 탐사 소설이다.

나는 내 남은 인생을 어떻게 살다가 어떤 세상으로 떠날까 궁금할 때가 많다. 별 탈 없이 순하게 세월이 흐르고 흘러 평화롭게 인생 항해를 끝나길 소망하지만 두렵다. 이제 더 이상 되돌아갈 길이 없는 막다른 골목에 들어선 느낌이 들 때가 종종 있기에. 죽음을 생각하면 이성적으로는 삶의 끝이라고 믿고 있다. 하지만 소설의 내용처럼 또 다른 세상이 존재한다면 어떤 세상이 펼쳐질지 호기심이 생기기도 한다.

언제부터인가 소중한 사람들이 하나, 둘 계속하여 나의 곁을 떠나고 있다. 내 아버지와 어머니, 시어머니와 시아버지, 오빠, 친구 심지어 후배까지. 나도 이제 인생 항해의 닻을 내릴 준비를 해야 하는 시점에 다다른 것 같다.

헤아리기 어려울 정도로 수많은 질병을 앓다가 돌아가신 어머니가 시도 때도 없이 불쑥불쑥 떠올라 가슴을 적시곤 한다. 어머니가 누워 계신 요양병원을 들렀을 때 코에 튜브를 꽂고 입을 벌린 채 정물처럼 누워 있는 환자들을 수없이 보았다. 그것은 살아있는 시체와 다를 바가 없었다. 저것은 누구를 위한 생명의 연장인지 회의가 들곤 했다. 생명의 권리는 누굴까? 나일까?, 아니면 창조주?, 국가의 법? 어느 것 하나 만족스러운 답은 아니다. 얼마 전에 생명 연장을 거부하는 신청서인 〈사전연명의료의향서〉를 작성했다. 삶이 존엄한 것처럼 죽음도 품위 있고 존엄성을 가져야 하지 않겠는가. 억지로 생명을 연장하는 치료는 바람직하지 않다는 생각을 떨쳐버릴 수가 없었기에.

살아온 날보다 살아갈 시간이 짧은 나, 이런 시간들이 나에게 올 것이라는 것을 육십 대만 해도 꿈에도 생각하지 않았다. 칠십 대를 맞으면서 다가온 이 현실이 때로는 당혹스럽기만 하다. 세상에 늙지 않는 사람 없고 죽지 않는 사람도 없다. 누구나 언젠가는 늙고 병들고 죽는다. 이 모든 사실을 알면서도 우리는 모두 내 일이라고는 생각하지 않고 죽음을 외면한 채 오늘을 살아간다.

우리는 지금 인류 역사에 전례가 없는 장수 시대를 맞이하고 있다. 사람은 누구나 무병장수를 꿈꾼다. 장수가 아니라 무병장수다. 온갖 질병을 앓으면서 고통을 겪으며 오래 살기를 원하는 사람은 이 세상에 아무도 없을 것이다. '피할 수 없다면 즐겨라'라는 말이 있다. 죽음이 피할 수 없는 운명이라면 즐겁게 받아들이는 것이 가장 현명한 방법이라 믿지만 그것이 어디 사람 마음대로 되던가. 흐르는 시간 앞에서 망연자실 바라만 볼 수밖에. 제아무리 과학이 발달해도 죽음 너머의 세상은 미스터리이다.

100세 시대, 말년을 병마와 싸우다가 요양병원에서 지칠 대로 지친 상태에서 가야만 하는 인간의 시간, 정말로 피하고 싶다. 생사는 신의 선택이라고 누군가가 말했다. 그렇다면 왜 신은 이리도 가혹한 종말을 인간들에게 기획하였는지 묻고 싶다. 어느 누구도 벗어날 수 없는 인간의 최후를.

살아오면서 수많은 죽음을 보았다. 하지만 아무리 해도 적응이 되지 않는 인생의 한 부분이다. 죽음을 맞이할 때마다 감당할 수 없을 정도로 낯설고 고통스럽기만 하다. 죽고 사는 것이 신의 선택이라고 한다면 왜 신은 젊고 착한 사람들을 그리 일찍 데려가는지, 왜 할 일이 많은 사람들을 데려가는지, 고희가 지나도 모르겠다.

해가 지면 어둠이 찾아오듯 슬그머니 다가온 노년, 그저 스산하기만 하다. 흘러간 세월의 강 앞에 서서 가뭇한 시간을 되돌아본다. 목련이 지고 있다. 또 한 생명이 가고 있다. 그녀가 떠난 뒤 나는 민화 그리기를 멈추었다. 도저히 붓을 들 수가 없었다. 그리움은 남은 자들의 몫이라 했던가. 그녀가 보고 싶다. 내일은 그녀의 영전에 국화꽃 한 송이 건네야겠다. (2024)

옛날이야기 읽어주는 할머니

요즈음 아이들에게 옛날이야기를 읽어주는 〈할머니로부터 듣는 옛날이야기〉 프로젝트에 참여하고 있다. 초롱초롱한 눈망울로 나를 바라보는 아이들의 모습에서 유년시절의 나의 모습이 떠올랐다.

나는 어렸을 때 옛날이야기 듣기를 매우 좋아했다. 그 시절 나는 틈만 나면 할머니의 치마꼬리를 붙잡고 옛날이야기를 해 달라고 졸라댔다. 할머니는 옛날이야기 좋아하면 가난하게 산다면서 걱정을 하셨지만 가난이 무엇인지 모르던 나는 그래도 좋으니 해 달라고 칭얼댔다. 그러면 할머니는 내 성화에 못 이겨 이야기 보따리를 풀어놓곤 하셨다. 『나뭇꾼과 선녀 이야기』, 『견우와 직녀 이야기』, 『햇님 달님 이야기』, 『콩쥐 팥쥐』, 『심청전』, 『장국진전』 등 아마도 같은 이야기를 수백 번도 더 들은 것 같다.

옛날 대부분의 가정이 그러하듯 우리 집에는 동화책 같은 것이 단 한 권도 없었다. 증조할아버지 방에 누런 한지에 한문으로 된 책 몇 권이 전부였다. 당시에는 동화라는 것이 어떤 것인지도 모르고 자랐다. 첩첩산중 두메산골 라디오조차도 없던 그 시절 할머니로부터 듣는 옛날

이야기만이 유일한 교육인 셈이었다.

  나는 이야기 듣는 것을 좋아하는 것에서 나아가 동생들이나 친구들에게 이야기를 해 주는 것을 즐겼다. 동생들이나 친구들도 내 이야기를 듣는 것을 매우 좋아했다. 할 이야기가 다 떨어지면 이야기를 만들어서 들려주곤 했다. 생전 보지도 못한 호랑이와 우리 집 암소가 싸워서 암소가 이겼다는 황당한 이야기, 참새와 제비가 결혼을 하여 부엉이가 태어났다는 등 어디에도 없는 이야기를 들려주어도 그들은 내 이야기에 환호했다.

  어쩌면 내가 국어교사가 되어 평생을 교단에서 살았던 것도 수필가가 된 것도 옛날이야기를 좋아해서 가능한 것이 아닌가 하는 생각이 들기도 한다. 옛날이야기 좋아하면 가난하게 산다고 했는데 지금까지 살면서 옛날이야기 좋아해서 가난하게 살았다는 이야기는 들어보지 못했다. 나 역시 옛날이야기 좋아해서 부자는 아니지만 그렇다고 가난하게 살지도 않았다.

  진정으로 자녀가 심성이 곱고 인간성이 풍부한 사람으로 자라길 바란다면 다른 여타 공부보다는 아이들에게 옛날이야기를 들려주는 것이 좋을 것 같다. 동화나 옛날이야기의 세계는 초자연적이며 상상과 과장 등 현실에서는 있을 수 없는 비현실적인 요소가 풍부하고 화려하고 풍요로운 세상을 보여준다. 동화는 상상력을 키워줌과 동시에 꿈을 키워주고 옳고 그른 것과 선악을 구별할 수 있는 능력을 키워줌으로써 보다 나은 세상을 위해 생각할 수 있는 기회를 준다.

『견우 직녀 이야기』와 『나뭇꾼과 선녀 이야기』에서 하늘에 대한 호기심과 경외심을 가지게 되고 『콩쥐팥쥐』에서는 선악을, 『심청전』에서는 효를, 『춘향전』에서는 사랑을, 영웅적인 이야기 『장국진전』에서는 애국심을, 『흥부놀부』에서는 우애를, 『햇님 달님』에서는 가족의 사랑을 배웠다. 옛날이야기를 재미있게 들으며 즐겁게 공부를 한 것이다. 좋아하는 것을 하는 것은 행복하다. 우리 나라의 모든 교육은 행복을 가르치지도 인생을 가르치지도 않고 오로지 성공과 출세만을 가르친다. 인성교육이나 아이들의 행복에는 가치를 두지 않는 것이다. 그러다 보니 세상이 삭막해지는 것이 아닌가 하는 생각을 지울 수가 없다.

  나는 지금도 동화책을 즐겨 읽고 옛날이야기가 나오는 드라마를 즐겨본다. 그런 나를 남편은 이해하지 못하지만 나는 그만둘 수가 없다. 재미있는 이야기가 나오면 끼니도 거르고 보는 나를 보고 어린 아이 같다고 놀려대기도 한다.

  얼마 전 식당에 가서 접한 풍경이 하나 있다. 어느 한 가족이 우리 옆에 자리를 잡았다. 자리에 앉자마자 아버지는 아버지 대로 어머니는 어머니 대로 아이들은 아이들 대로 모두가 핸드폰을 손에 들고 각자의 게임에 빠져버리는 것이었다. 하물며 식사 중에도 게임에 열중하고 있는 서너 살 정도의 아이의 모습도 보였다. 아주 조용했다. 이 조용한 모습이 참으로 기이하다는 생각이 들었다. 꼭 무성영화의 한 장면 같기도 했다. 부모, 아들, 딸 부럽기만 한 가족 구성원이었는데 아무런 대화가 없는 가족의 모습은 알 수 없는 묘한 분위기를 연출했다.

아이들의 손에 든 핸드폰이나 게임기 등을 내려놓게 하는 방법은 없을까 하는 생각을 해 보았다. 아이들이 게임에 빠져드는 것은 현실이 재미없고 외로워서라고 전문가들은 진단하고 있다. 가족들이 모여 맛있는 식사를 하는데도 게임에 몰두하는 것은 분명 중독이지 싶다. 아이들이 현실에서 재미를 느낄 수 있고 교육적인 효과도 볼 수 있는 방법이 여러 가지가 있겠지만 그중에서 가장 좋은 것은 재미있는 옛날이야기를 들려주는 것이라는 생각이 든다. 아이들에게 동화책을 읽어주는 시기는 3~7세 정도로 매우 짧다. 교육학자들은 사람의 인성은 6세까지 80%가 형성된다고 말하고 있다. 아동기의 인성 교육이 얼마나 중요한가를 말해주고 있다.

옛날이야기를 들으며 넓은 하늘을 가슴에 품고, 하늘 나라 이야기를 듣고 하늘의 별을 우러르며 무한한 꿈을 꾸는 아이들의 모습. 반딧불이를 쫓으며 자연의 위대함을 알고 무한한 상상력을 마음껏 키우는 아이들의 삶은 아름다운 시가 되지 않을까!

할 수만 있다면 할머니의 옛날이야기를 듣고 반딧불이를 쫓던 동화 같은 그 시절로 돌아가고 싶다. 어린이집 아이들을 상대로 실시하는 이 프로젝트가 아이들에게 지혜와 용기 그리고 꿈을 키워주며 소중한 추억이 될 수 있도록 의미 있는 시간이 되기를 간절히 희망한다.

(2019)

거리의 노인

남루한 할머니가 폐지를 가득 실은 리어카를 끌고 대로大路를 건너고 있다.

노인의 걸음은 느리기만 하다. 힘에 겨워 쓰러질 듯 휘청대며 길은 건너는 모습이 긴 사막을 건너온 낙타처럼 고단해 보인다. 심하게 굽은 등과 초라한 옷차림은 노인이 어떤 처지에 놓여 있는지를 단적으로 말해주고 있다.

저 노인은 어쩌다가 저런 삶을 살게 되었을까. 심하게 굽은 등으로 보아 육신의 여러 부분들이 제 역할을 하지 못하는 것 같고, 의.식.주를 걱정하지 않으면 안 될 만큼 의지할 데 없는 상황에 놓인 것은 아닌지 모르겠다. 몸은 망가지고 마음도 피폐한 상황에서 힘든 노동까지 한다면 견디기 어려운 삶이 될 것이다. 특히 노인에게 고생은 폭력이며 재난이 아닐 수 없다. 노인의 삶을 파국으로 몰고가는 지름길이 될 수 있기 때문이다. 지난한 삶을 살아내기 위해 자신의 몸보다 더 큰 폐지가 가득 실린 리어카를 끌고 가는 노인의 뒷모습은 빈곤을 견뎌내며 오늘을 살아가는 노인들의 현주소가 아닌가 싶다.

가끔가다 홀로 사는 노인들이 고독사孤獨死 했다는 뉴스를 접한다. 조상弔喪하는 사람이 아무도 없어 사물처럼 취급되다가 결국은 화장된다는 것. 철저하게 소외된 삶과 죽음이다. 물질적으로는 풍요로운 시대를 살고 있으면서 그 그늘에는 생활고에 시달리다 생을 마감하는 이들이 있다는 사실 앞에 전율하지 않을 수 없다.

우리는 역사 이래 가장 풍요로운 시대를 살아가고 있다. 먹을 것이 없어 보릿고개를 걱정했던 시대는 전설처럼 까마득하다. 현대를 살아가는 사람들의 관심은 먹고 사는 문제가 아니라 웰빙이니, 명품이니, 다이어트니 하는 낯익은 말의 시대를 살아가고 있다. 이처럼 풍요한 삶을 살아가는 이들이 있는가 하면 한 끼의 먹을거리를 걱정해야 하고 잠자리를 염려해야 하는 이들이 있는 것 또한 현실이다. 이는 더 할 수 없이 화려해 보이는 도시의 두 얼굴이고 이중성이다. 암울한 모습이 아닐 수 없다. 풍요 속의 빈곤을 해결할 수 있는 방법은 진정 없는 것일까.

세계 제일의 복지 정책이 실시되는 북유럽이 그 해답이 되지 않을까 싶다. '요람에서 무덤까지'로 상징되는 스웨덴의 사회보장 제도는 다른 국가들의 부러움을 사고 있다. 모든 국민들이 함께 잘 살고 개개인의 생명을 가꾸는데 국가가 참여해서 돕는 제도, 즉 복지제도를 국가적 차원에서 오래전부터 추구하고 있다.

우리나라도 이런 면에서 사회보장 제도가 실시되고 있다. 얼마 전 복지부는 노인, 장애인, 정신질환자를 대상으로 하는「지역사회 통합 돌

봄 서비스」 정책을 확정하여 전국의 기초자치 단체에서 그 사업을 시행하고 있다. 중앙정부의 일률적, 일방적 복지 제도가 아니라 지자체의 자발적이고도 창의적인 설계라며 혁신적인 정책이라고 한다. 이 착안은 매우 반가운 일이다. 그러나 이런 제도는 아직 시작 단계이지 정착단계는 아닌 것 같다. 아직도 질병과 빈곤의 늪에서 헤어나지 못하는 노인들이 헤아릴 수 없다. OECD 국가중 노인 빈곤률 1위, 노인 자살률 1위라는 것이 그 예가 아닐까. 노후파산老後破産으로 노인자살이 자연사보다 늘어나고 있다는 현실은 충격적이 아닐 수 없다.

물론 어느 나라나 어느 사회나 많이 가진 사람과 그렇지 못한 사람들이 있게 마련이지만 우리나라처럼 소수가 대부분을 소유하고 있는 이런 사회는 건강한 사회라고 볼 수 없다. 건강한 사회란 모든 사람들이 다 잘 사는 사회가 아닌가.

나이 들어가면서 사회로부터 멀어지고, 병약함 때문에 가족으로 부터 환영받지 못하는 노인들이 복지제도 바깥에서 힘들게 살고 있다는 것은 행복한 사회라고 볼 수 없지 않은가. 경제적인 면에서 상위권에 드는 우리나라가 행복지수는 하위권에 들고 있다는 것은 무엇인가 생각해볼 만하다.

저 노인은 오늘도 허물어져 가는 달동네 어디쯤 초라한 집에 노구를 누울 것이다. 누구의 보살핌도 받지 못하고 폐지를 판 돈으로 고달픈 삶을 이어가리라. 이 가혹한 현실을 빠져나갈 수 있는 열쇠가 그 노인에겐 없는 것인지 그저 먹먹하다.

초겨울의 차가운 바람이 휘이익 노인을 따라 길을 건넌다.
과연 노인을 위한 나라는 없는 것일까. (2018)

백세 시대의 그늘

　팔순을 넘어 구순을 향해가는 어머니의 시간은 숨이 가쁘다. 어머니는 당뇨에 고혈압, 소화 장애, 통풍, 골다공증, 우울증까지 겹쳐 여러 질병과 싸우고 계신다. 여기에 아예 거동을 할 수 없게 되는 바람에 어쩔 수 없이 노인병원에 장기 입원을 하게 되었다.
　어머니를 노인병원으로 모시면서 가슴으로 시린 바람이 불었다. 어머니를 그 곳에 계시게 한 후 한동안 몸도 마음도 가눌 수 없을 정도로 아팠다. 당신의 혈과 육을 부여받아 세상에 나와 당신 품안에서 자란 자식들임에도 도저히 집에서는 모실 수 없다는 이런저런 이유를 들어 그 곳에 홀로 계시게 했다는 자책에서다.
　어머니를 뵈러 갈 때면 그곳에 입원해 있는 어른들과 마주한다. 노인들은 삶과 죽음을 넘나들며 오늘도 고된 하루를 보내고 있다. 목으로 코로 호수를 연결해 음식을 투입하는 환자, 산소 호흡기를 꽂고 숨만 쉬는 모습들, 그들에게서는 죽음의 그림자가 어른거린다. 그분들의 말없는 절규가 가슴을 헤집어 놓는다. 어머니의 입원을 계기로 장수가 축복인지 재앙인지 깊은 고뇌에 빠지게 되면서 오래 전에 본 프랑스 영화『아무르』가 떠올랐다.

　행복하고 평화로운 노후를 보내던 음악가 출신의 노부부. 어느 날 아내가 갑자기 마비 증세를 일으키면서 즐거웠던 삶이 하루아침에 나락으로 떨어지게 된다. 남편은 반신불수가 된 아내를 헌신적으로 돌보지만, 하루가 다르게 몸은 나빠지고 드디어 치매 증상까지 보이면서 이대로는 도저히 살 수가 없다고 생각한 남편은 선택의 기로에 서게 된다. 아내의 병간호에 지친 그는 삶을 포기하고 아내를 살해한 후 자신 역시 죽음을 택한다. 노인 질병의 심각성을 적나라하게 보여준 영화다.

　사람은 누구나 살기를 원하지만, 늙고 병든 채로 오래 살고 싶은 사람은 없을 것이다. 늙고 병든 몸은 자신도 고통스럽지만 타인에게도 고통을 줄 수밖에 없기 때문이다. 노환의 삶은 차마 보이고 싶지 않은 모습 다 보여야 하는 구차한 모습으로 인권이고 자존심이고 모든 것을 다 잃어야 하는 처참함 자체이다.

　회복불능 100%. 죽는 순간까지 고통스럽게 살아가야 한다면 스스로 존엄하게 갈 수는 없을까? 그에 대한 답은 '조조 모예스'가 지은 소설 『미 비포유』(Me Before You)에서 볼 수 있다.

　총망 받던 젊은 사업가 '윌 트레이너'는 교통사고로 인하여 전신마비 환자가 된다. 한 순간에 모든 것을 잃고 휠체어 신세가 된 그는 자신의 몸을 마음대로 움직일 수 없게 되면서 하루하루 고통스럽게 살아간다. 유능하고 활동적이며 자존심이 강하던 '윌 트레이너'는 평생 남의 도움 없이는 아무 것도 할 수 없는 몸으로, 살아 있으나 죽은 것과 마찬가지인 모습으로 살아가야 했다. 그에게 그 현실은 죽음보다 더한 고통이었다. 그러던 중 '루이자'가 간병인으로 오게 되고 둘은 사랑에 빠지게 된다. 그리고 사랑하는 '루이자'에게도 그녀만의 삶이 있다고 생각한 '윌 트레이너'는 그 상황을 도저히 받아들일 수가 없었다. 결국 그는 비극적 결말인 존엄사를 택한다. '루이자' 역시 그의 뜻을 막지 못하고 함께 스위스의 〈디그니타스〉로 향한다.

소설에 나온 스위스에 있는 〈디그니타스〉는 안락사를 주선하는 비영리기관으로 전 세계적으로 유일하게 자국인이 아닌 외국인에게도 안락사를 허용하고 있는 곳이다. 우리나라 사람도 18명이 이 프로그램에 참여 신청을 했다고 하는데 실행 여부는 알려진 바가 없지만 안락사가 절실한 사람들이 아닌가 싶다.

안락사 문제는 우리나라는 물론 전 세계적으로 윤리적, 종교적, 법적, 의학적 문제로 인하여 논란이 계속되고 있다. 특히 종교단체들은 삶과 죽음은 신의 영역에 속하기 때문에 타인이 함부로 개입해서는 안 된다고 강력하게 반대하고 있다.

2017년을 기점으로 해서 우리나라는 고령사회에 들어섰다. 역피라미드 형태의 인구구조는 빠르게 진행되어가고 있으며 초고령사회 진입도 멀지 않았다고 전문가들은 지적하고 있다. 노인 인구는 계속해서 늘어나지만 노인을 위한 제도는 미약하기만 한 것이 우리의 현실이다. 우리나라의 미풍양속이었던 노인공경 사상은 아득한 전설이 된

지 이미 오래다. 자신의 편안함만을 추구하는 현대인들에게 나이든 노인은 그저 소외의 대상으로 치부되고 있을 뿐이다.

　요사이 웰다잉법이라는 것이 세간의 관심을 끌고 있다. 회생가능성이 전혀 없는 환자가 자기의 결정이나 가족의 동의로 연명치료를 받지 않을 수 있도록 하는 법이다. 서구의 여러 나라에서는 안락사를 합법화하고 있으며 우리나라도 연명치료 중단이라는 소극적 의미의 안락사 법안이 국회를 통과해 2018년 2월부터 극히 제한적으로 시행되고 있다.

　안락사는 찬반양론이 첨예하게 대립하고 있어 법적으로, 윤리적으로 매우 민감한 사안으로 아직은 사회적인 합의가 필요한 문제다. 존엄하게 그리고 고통 없이 죽음을 맞이하느냐 아니면 연명치료에 의해 생명을 연장할 것인가의 선택은 오직 자기 자신일 뿐이다. 병마와 싸우며 고통의 바다를 건너고 있는 어머니와 노인 환자들을 보면서 두려움이 앞선다. 어머니가 가고 있는 길이 내가 갈 길인 것 같아 두렵고 떨린다.

　우리 인간들은 모두가 늙고 병들고 결국에는 흙으로 돌아간다. 그것이 자연의 섭리이고 인간의 숙명이다. 건강하다면야 아무런 문제가 없지만 갖가지 질병을 안고 고통에 시달리며 긴 시간을 견뎌야 하는 현실을 어떻게 해야 할 것인가. 100세 시대 과연 축복인지 묻고 싶다.

(2020)

마지막 화장化粧

어머니의 얼굴에 화장을 해 드렸다. 처음이자 마지막이었다. 눈앞이 희미해져서 눈썹을 그리기도 립스틱을 바르기도 힘들었다. 눈물이 어머니의 얼굴에 떨어져 화장이 자꾸 번졌다. 떨리는 손으로 분단장을 마치고 보니 주름진 얼굴이지만 고왔다. 두 손으로 어머니의 얼굴을 쓰다듬었다. 온기 없는 어머니의 양 볼에 내 볼을 대어봤다. 당신의 혈과 육으로 빚어낸 뒤 사랑으로 기쁨으로 때로는 안타까움에 가슴 조이며 애면글면 보듬어 주셨음에 뜨거운 눈물이 솟구쳤다. 더운 내 눈물이 어머니에게 온기를 불어넣을 수 있다면 얼마나 좋을까하는 생각이 들기도 했다.

어머니의 마지막을 지켜드리지 못했다. 떠나시기 며칠 전 요양병원에 계신 어머니를 뵈러 갔을 때 과일을 깎아드렸더니 잘 드셨고 거동은 불편해도 정신은 온전하셔서 그리 쉽게 가실 줄 몰랐는데 운명하셨다는 연락을 받고 정신이 아득했다. 어머니는 무슨 생각을 하며 이 세상을 떠나가셨을까. 가시면서 하고 싶은 말이 얼마나 많았을까. 유난히 병약한 딸 때문에 노심초사 하셨는데 아무 말도 못하고 떠나시면서 얼마나 안타까우셨을까.

　어머니의 뜻에 따라 성당에서 장례미사를 드렸다. 애도하는 추모곡이 성당에 울려 퍼지며 고인의 명복을 빌고 상주들의 마음을 따뜻하게 위로하고 있다. 장례를 마치고 나자 정신이 희미해지고 온 몸의 힘이 다 빠지면서 땅속으로 스며드는 것 같았다. 슬픔과 애도의 의례는 언제나 살아남은 자를 위한 것이라고 하건만 애도하는 방법이 이것밖에 없다는 것이 아프기만 했다. 사람은 태어나면서 울고 타인의 울음 속에 죽는다는 말이 맞는 것 같다. 신부님께서 '이제 아네스 어머니는 험난했던 이승의 삶을 떠나 천주님 곁으로 가셔서 평온하게 계실 것이라며 슬퍼하지 말라' 하신다. 그래도 슬프다.

　어머니의 영혼의 집 언저리에 복숭아꽃이 꽃망울을 터트리며 아우성을 치고 있다. 호랑나비 한 마리가 많은 벌들 속에서 너울너울 포물선을 그리며 날고 있다. 어머니를 마중 나온 아버지의 넋이 아닌가 하는 생각이 들기도 했다.

　이제 두 분 모두 떠나셨다. 내 곁엔 아무도 안 계신다. 가슴 속에 무엇으로도 채울 수 없는 커다란 빈자리가 생겼다. 무엇인가 잡고 있던 끈이 툭 하고 끊어져 나락으로 떨어지는 느낌이다. 언제나 내 편이었던 어머니, 나에게 무한한 신뢰를 가지고 계셔서 나의 힘이 되어주셨던 어머니를 다시는 볼 수 없다는 것에 정신이 아득해졌다.

　어머니를 보내드리고 온 집 앞에는 목련꽃이 이울고 있었다. 한때 그렇게도 기품 있는 자태로 우아하고 고혹적이던 꽃이 지고 있다. 생을 마치고 마지막 숨을 토해내는 목련꽃의 처절한 모습 속에 어머니의 모습이 어른거린다. 꽃은 저렇게 떨어지고 끝나는데 내 어머니의 영혼은 어디로 갔을까!

삶과 죽음은 함께하는 동의어가 아닌가 싶다. 예측할 수도 없고 피할 수도 없는 것이 삶과 죽음이 아닌가. 모든 생명들은 태어나면서부터 죽음이 시작되며 죽음은 누더기를 벗고 새 옷으로 갈아입는 과정이라고 누군가가 말했다. 그렇다면 내 어머니는 어떤 옷으로 갈아입으셨을까? 육신은 땅속에 묻혔는데 사람이 죽으면 그 영혼은 어떻게 될까? 어머니는 생전에 성당엘 열심히 다니셨으니 그 영혼은 하늘나라로 가셔서 하나님 품에 안겨 편히 안식하셨으리라 믿고 싶다.

인간 세상에서 죽음만큼 슬픈 단어는 없는 것 같다. 죽음만큼 아픈 단어도 없는 것 같다. 사랑하는 사람을 다시는 볼 수도 만질 수도 없다는 사실 앞에 절망한다. 특히 가족을 잃는다는 것은 우리 사람이 겪는 고통 중에서 가장 참혹한 일이 아닐까. 나이 들어가면서 느끼는 것은 내가 가졌던 모든 것들을 잃 어버리는 것이다. 그 상실의 아픔을 겪으며 종내는 나 자신도 이승과 작별을 해야만 하니 인생이 허허롭기만 하다.

어머니가 온갖 질병과 싸우며 생사를 넘나들 때 어머니를 위해 아무 것도 할 수 없다는 것이 죄송하고 괴로웠다. 연로하신 어머니의 몸은 보기조차 민망했지만 삶과 죽음은 인간의 영역이 아닌 신의 영역이라고 애써 외면하기도 했다.

현대의학의 발달은 인간의 수명을 획기적으로 늘려놓았지만 병든 인간이 겪어야 하는 고통은 어쩌지 못하는 것 같아 아쉽기만 하다. 왜 창조주는 인간에게 이런 고통을 겪도록 했는지 원망스럽다. 인정도 배려도 없이 잔인한 순간들을 견뎌내야만 하는 상황이 더욱 아프기만 하다. 죽음은 아직까지 발견하지 못한 신대륙과 같은 것이라고 한다. 알 수 없는 미래는 흥미롭기도 하지만 두렵기도 하다. 우리가 알고 있는 지식 중에서 가장 확실한 것은 죽는다는 것이 아닌가. 그 어느 누구도 피해갈 수 없는 인생의 통과의례라는 것을 모르는 바 아니지만 피하고 싶다.

살아생전에 어머니에게 화장化粧 한 번 해 드리지 못한 것이 내내 후회가 된다. 생신날이나 어버이날 용돈 몇 푼 손에 쥐어주고 내 할 일 다 했다고 생색을 냈던 것이 못내 죄송스럽기만 하다. 살아계실 때 더 많이 손잡아 주고 안아줄 것을. 좀 더 잘해 드릴 것을. 저승 가는 길에 화장이라니.

'불효자는 웁니다'라는 유행가 가사가 이렇게 공감이 될 줄은 미처 몰랐다. (2019)

유품을 정리하며

어머니의 유품을 정리하기 위해 동생집에 들렀다. 집안이 썰렁하다. 어머니가 살아 계실 때는 포근하고 편안함을 느꼈는데. 어머니의 자리가 이처럼 크다는 것을 새삼 느낀다. 어머니가 계시지 않는 집은 우리집도 친정집도 아니었다. 주인 잃은 물건들을 보니 또 가슴이 울렁거린다. 평생을 쓰시던 문갑과 장롱, 옷 몇 벌, 이부자리 한 채, 성경책과 찬송가, 그리고 성경을 필사한 노트 5권과 상자 한 개가 전부다.

노트를 펼쳤다. 깨알같이 쓴 성경 내용들이 살아 꿈틀거리는 것 같다. 어머니는 항상 쭈그리고 앉으서서 성경책을 필사하셨다. 나는 그때마다 '왜 힘들게 그것을 하느냐'고 볼멘소리를 하면 어머니는 그것이 행복하다고 하셨다. 도대체 무슨 힘이 팔순 노인네로 하여금 그 어려운 일을 하게 하는지 모를 일이었다. 어느 사상가가 선포한 신의 죽음을 믿는 나는 도저히 어머니의 억척스러운 필사가 이해가 되지 않았다. 종교의 힘도 대단하지만 어머니도 대단하다는 생각을 했다. 만약 천당이 있다면 어머니는 그곳으로 가시지 않았을까 싶다.

보물상자를 열 듯 상자를 열었다. 그곳에는 주인을 잃은 물건들이 가지런히 담겨 있다. 여러 장의 사진들, 반지와 약간의 현금이 들어있는 지갑과 적금 통장 5개가 들어있다. 자식들이 준 용돈을 쓰지 않고 모아 적금을 들어 자식들에게 물려주신 것이다. 그것을 본 순간 또 눈물이 왈칵 쏟아졌다.

생을 마감하기 며칠 전에 뵀을 때 '내가 죽거든 성당에 헌금을 해 달라'고 부탁하셨다. 나는 '병이 나아서 직접 전하세요'라고 대수롭지 않게 말했다. 그때만 해도 몇 년은 더 사실 것이라고 믿었지 그렇게 빨리 떠나실 줄 몰랐다. 그것이 어머니의 유언인지도 모르고 딴소리만 한 것이 내내 마음에 고통으로 남아 있다.

어머니는 노년에 들어 천주교에 몸을 담으셨다. 노구를 이끌고 언덕 위에 있는 성당을 매일 다니셨다. 그리고 끊임없이 기도를 하셨다. 보기에 안타까울 정도로 열심히 천주님을 믿고 의지하며 사셨다. 어머니는 매일 성경을 필사하며 천국을 그린 것이 아닌가 싶다. 온갖 질병으로 고통을 겪으면서도 정성스레 필사를 하고 긴 기도를 한 것은 천국으로의 여행을 준비하기 위한 것이 아니었던가 하는 생각을 하게 된다.

어머니가 쓰시던 물건들은 쓰레기가 되어 다 흩어져 사라져버릴 것이다. 쓰시던 방은 또 누군가가 쓸 것이다. 한 인생이 완전 무無로 돌아갔다. 아무런 흔적도 없이.

인류 역사상 가장 넓은 대제국을 건설했던 알렉산더 대왕의 유언은 시사하는 바가 크다. 그는 죽으면서 신하들에게 '내가 죽거든 두 손을 관 밖으로 내 놓도록 하라'고 했단다. 약관의 나이에 왕이 되어 세계를 정복하는 데는 성공했지만 그도 그 많은 재산을 무덤까지 가져가지 못했다. 제아무리 위대한 영웅도 떠날 때는 아무것도 가져가지 못한다는 것을 세상 사람들에게 알리는 것이 아닐까. 인생은 구름 같은 것이라고 했다. 그냥 나타났다가 흔적도 없이 사라지는 구름. 세상을 호령하며 유명했던 사람도 유명하지 않았던 평범한 사람도 마지막은 결국 한 줌의 재로 돌아가는 것이 인생이 아니던가.

생의 마지막에는 아무 것도 가져가지 못하는 인간들이 끝이 없는 욕심을 부리며 오늘을 살아가고 있다. 좋은 집, 좋은 차, 좋은 옷, 온갖 명품들 이런 것들이 다 무슨 소용이던가. 이런 것들을 가지기 위해 끊임없이 투쟁하는 사회, 좀 부족하더라도 만족을 하며 살 수는 없을까 하는 생각이 떠나지 않는다.

나도 머지않아 어머니가 가신 길을 따라 먼 곳으로 갈 텐데 버려야 할 것들이 너무 많다. 이곳저곳 쌓여 있는 책, 옷장 가득한 옷들, 온갖 잡동사니들이 보인다. 아무 것도 가져가지 못할 것들이다. 아마도 내가 살면서 지어놓은 업장만을 가지고 갈 것이다.

유품을 정리하고 집으로 오는 내내 어머니의 체취가 남아 있는 유품들이 눈앞에 어른거렸다. 그리고 나는 무엇을 위해 남은 인생을 살아가야 할 것인가 하는 생각이 머리를 떠나지 않았다. (2019)

황토방에서

　시골로 거처를 옮긴 지인의 집을 방문했다. 건강이 좋지 않아 명예퇴직을 하고 자연 속으로 들어가 살고 있는 분이다. 만나자마자 건강부터 물었다. 좋아졌다는 대답이다. 넓은 마당 한 귀퉁이에 고랑을 따라 상추도 심고, 오이도 심고, 가지도 심고 딸기도 심어 놓았다. 여유롭고 편안한 생활을 즐기고 있는 것 같아 내심 부럽기도 하였다. 집을 지을 때 건강에 좋다는 황토방을 한 채 더 지었단다. 누구나 한 번쯤은 꿈꾼 전원생활의 삶의 모습이었다.
　그 옛날 우리 집이 흙으로 만든 집이었는데 이곳에서 그것을 보니 고향 집을 만난 것 같아 몹시 반가웠다. 황토방에서 잠시 휴식을 취하고 나자 몸도 마음도 시원해졌다. 흙집은 습도 조절이 잘 되어 가습기도 제습기도 필요 없고 열대야도 없다고 자랑한다. 그분이 다시 건강해진 비결인지도 모르겠다.
　우리 조상들은 흙으로 지은 집에서 흙으로 만든 그릇을 사용하며 흙에서 나온 푸성귀를 먹으며 흙과 더불어 살아왔다. 흙으로 된 마당과 흙담 그곳에는 우리 조상들의 정겨운 삶의 모습이 스며있으며 촌로의 맑은 웃음이 있고 이웃들의 자잘한 이야기들이 살아있다.

그런데 우리는 지금 흙과 먼 생활을 하고 있지 않은가. 콘크리트로 지어진 집, 합성섬유로 만든 옷, 유해 성분이 들어있다는 인스탄트 먹거리, 플라스틱 그릇, 알 수 없는 소재들로 이루어진 물건들 속에서 살아가고 있다. 그로 인해 갖가지 질병을 앓으며 살고 있다. 도시에서는 흙을 밟을 수조차 없다. 때문에 펄펄 끓는 아스팔트길 위에서 뿜어나오는 열기를 그대로 받아들여야 하고 열대야로 잠 못 드는 밤을 지내야만 하는 사람들도 많다.

흙은 세상의 모든 생명을 키우고 먹거리를 키워낸다. 어머니처럼 모든 것을 품어 안는다. 비도 품고, 바람도 품고, 눈도 품고, 나무도 품고, 삼라만상의 모든 것을 품어 안는다. 흙은 집이 되기도 하고 침대가 되기도 하고 담이 되기도 하고 그릇이 되기도 한다. 그리고 생명이 다한 것들은 다시 흙으로 돌아가는 운명을 타고났다. 제아무리 혹독한 환경일지라도 생명의 싹을 틔우는 것이 흙의 미덕이다. 성서의 창세기에 인간을 흙으로 만들었다고 했다. 그래서 우리 몸의 색깔이 흙색이며 몸은 흙을 그리워하는 것이 아닐까 싶기도 하다. 나이가 들어 귀촌하는 사람들이 늘어나는 것을 보면 우연이 아닌 것 같다.

한국인의 우주관은 우주 만물의 죽음과 탄생은 흙에서 이루어진다고 했다. 음과 양이 조화를 이루고 우주를 구성하는 다섯 가지 요소 즉 불, 물, 나무, 광석, 흙이 순환하는 것이라고 한다. 여기서 흙은 만물이 모이는 공간이며 만물은 죽어서 다시 흙이 되고 그 흙은 만물을 만드는 근원이며 그 자체라고.

〈나는 자연인이다〉라는 TV 프로그램을 즐겨보고 있다. 그 프로그램을 보면 마음이 따뜻해지곤 한다. 자연인이 된 사람 대부분이 건강이 좋지 않아 선택한 삶이었다. 생의 마지막이라고 생각하고 찾은 곳. 그곳에서 흙과 더불어 살다보니 건강이 좋아졌다고 하는 사람들이 대부분이다. 맑은 공기 마시고, 약초 캐어 먹고, 신경 쓰지 않고, 달도 보고, 별도 보고, 흙에서 나는 것을 먹으며, 흙과 더불어 살다 보니 건강해졌다는 것이다. 나도 가끔 그런 곳에 가서 살고 싶다는 유혹을 받을 때가 종종 있다. 하지만 병원을 수시로 들락거려야 하는 나로서는 언감생심 감히 엄두도 못 낼 입장이다.

이 시대의 희망은 물질문명이 망쳐버린 자연을 살리는 것이 아닐까 싶다. 울적한 마음이 들 때면 찾는 곳이 흙냄새 풍기는 자연이 있는 곳이다. 바람이 지나가는 골짜기, 맑은 물이 흐르는 계곡, 풀벌레 소리 들리고 산들바람이 불어오고 알싸한 흙의 향기가 풍기는 산골이다. 신이 만든 최고의 걸작품 바로 자연이다. '사람은 땅 위에서 땅의 기운을 받고 살아야 된다'고 한 옛 어른들의 말씀이 참말인 것 같다. '인간은 흙에서 멀어질수록 병원과 가까워진다'고 누군가의 말에도 수긍이 간다.

지인의 집에서의 하루는 선물 같은 시간이었다. 된장찌개에 상추쌈을 더한 점심은 그 어느 일류 식당의 식사보다 향기 나고 건강한 밥상이었다.

문득 텃밭 너머 앞산 숲속에서 뻐꾸기 소리 들려오는 지인이 집이 그리워진다. 아련한 향수를 불러일으키는 그 집이 나의 마음을 흔들고 있다. (2022)

하루

　1월 1일 새벽 1시. 카메라 가방을 둘러메고 정동진을 행해 차를 몰았다. 새벽 5시 이전에 정동진 바다에 닿아야만 한다. 그래야만 장엄한 일출을 카메라에 담을 수 있기에 페달을 힘껏 밟았다. 헤드라이트 불빛에 어둠이 점차 밀려나면서 제 시간에 목적지에 도착했다. 주차할 공간이 없다. 이리저리 기웃대고 실랑이를 벌이다가 간신히 주차를 하고 포인트를 찾아다녔다. 세상에 대한민국 사람들이 다 이곳에 모였는지 그야말로 인산인해. 인파 속을 헤집고 나와 삼각대를 세우고 카메라를 설치했다. 하늘이 희뿌윰하게 밝아오고 있다.
　이 많은 사람이 무엇 때문에 이곳에 이렇게 모여 흥분된 마음으로 해를 맞이하려 하는지. 싸늘한 새벽바람이 살갗을 파고드는 이 겨울 한복판에. 사방이 환해질수록 가슴은 더욱 뜨겁게 달아오르기 사작한다. 새해 첫 태양을 맞이하겠다는 것은 종교적이다. 행운을 가져다줄 것이라는 믿음, 하늘의 기운이 닿아 소망을 이루게 될 것이라는 믿음, 그 믿음과 기대감이 이 추운 겨울 바다로 발길을 돌리게 하지 않았을까. 여기저기서 첫 태양을 맞이하는 사람들의 마음은 열망으로 들끓고 있다. 그 바다는 열대 바다와 다름이 없는 것 같았다.

"제발! 저의 간절한 기도를 외면하지 말아주십시오."라고 기원을 하지 않았을까. 나도 빌었다. '천고에 남을 사진 작품 한 장쯤 남기게 해 달라고, 태양 당신의 힘을 믿노라'고. 그것도 아주 간절하게. 가당치 않은 탐욕이었다.

장엄한 태양이 떠오르고 있다. 주변이 술렁댄다. 정동진 바다가 노르스름한 빛으로 물들고 수평선 너머로 황금빛 물결이 하늘가로 번져 오고 있다. 숨이 막힌다. 온 세상이 붉은 물이 드는 순간 둥글고 붉은 해가 머리를 쓰윽 들어 올린다. '와아아아아', 그 바다는 수많은 사람들의 환호성으로 번져나간다. 나는 떨리는 손으로 카메라의 셔터를 계속 눌렀다. 찰칵, 찰칵, 찰칵. 경쾌한 소리가 마음도 시원하게 해 준다. 커다란 불덩이 같은 해는 서서히 솟아오르더니 순식간에 수평선에서 훌쩍 하늘로 뛰어올랐다. 황홀했던 정동진의 일출은 끝이 났다. 사람들은 벅찬 감동을 안고 각자 흩어졌다. 해의 하루가 시작된 것이다.

주위를 둘러보니 해시계가 보인다. 무심히 지나쳤던 것을 자세히 보니 해시계는 세 권의 책 위에 놓여져 있다. 책의 등에는 글이 새겨져 있다. 맨 아래 책에는 팔천칠백육십시간후(1년 365일을 숫자로 재환산 한 시간)라는 글자가 조각되어 있고, 중간책에는 한자로 時乎時乎不再來(시호시호부재래:시간아 다시 돌아오지 않는구나) 라는 글자가, 맨 위에는 Time and Tide(시간과 흐름 :세월을 의미) 라는 글자가 양각으로 조각되어 있다. 이것은 '인류의 지식체계 위에 공전하는 시간과 과학'이라는 의미를 담고 있다고 한다. 해로 보는 시간, 정동진이다. 나의 해는 지금 어디 쯤에 와 있는지 헤아려본다.

서쪽으로 발길을 돌린다. 대한민국에서 일몰이 가장 아름답다는 곳 태안 안면도 꽃지 해수욕장 '꽃지해안공원'이다. 이곳의 최고 명소인 할미바위와 할아비바위 뒤쪽으로 걸리는 낙조는 명품이란다. 명품을 만들고 있는 이 바위에는 애달픈 전설이 서려 있다. 신라 흥덕왕 시절 장보고와 함께 바다를 지키던 승언 장군이 바다로 나가 돌아오지 않자 기다리던 그의 부인이 남편을 기다리다 못해 바다에 빠져 죽어 망부석이 되고 말았다. 그런데 어느 날 그 옆에 또 다른 바위가 생겨났다. 그 후 사람들은 두 개의 바위를 할미바위와 할아비바위라고 부르기 시작했다. 두 바위는 섬이다. 물이 빠지면 해변에서 그 바위까지 길이 생긴다. 나는 사랑과 기다림 그리고 이별과 재회의 의미를 지닌 이 전설을 생각하며 이 아름다운 사랑의 길을 걸어보았다.

일출이 기대와 흥분과 설렘으로 생명력이 넘쳤다면 일몰은 차분함과 고요함, 그리고 장엄하기까지 했다. 이것이 사라짐의 미학이 아닐까.

일몰, 하루가 막을 내리는 순간이다. 숨가쁘게 하루를 달려온 태양이 서쪽 바다 끝에 다다랐다. 마라톤의 도착 지점에 다다른 것이다. 석양빛이 온몸으로 스며든다. 왜 하늘은 그렇게 붉은지, 어찌하여 수평선은 그리도 피 같은 색을 토해내는지, 태양은 하늘과 바다가 잇닿은 곳에 아주 잠깐 걸쳤다가 물속으로 서서히 사라졌다. 붉은 태양이 바닷속으로 완전히 사라지자, 바다는 온통 선홍색으로 출렁인다. 수평선의 노을이 오색 물감을 풀어 놓은 듯이 곱다. 구름은 보랏빛으로 물들이더니 점점 어둠 속으로 빨려들어간다. 태양이 마감하는 순간이 이다지도 황홀했던가. 태양은 이렇게 하루를 마감했다. 우리의 인생도 그렇게 가는 것이 아닌가 싶다.

태양의 탄생이 아름답듯이 태양의 마지막 가는 길도 또한 아름답고 찬란했다. 저무는 것의 아름다움을 보며 내가 가는 마지막 길도 노을처럼 아름답기를 소망해 본다. 어두워지는 하늘에 갈매기가 날고 있다. 고독한 갈매기가 내 머리 위를 빙빙 날다가 어디론가 사라졌다. 흔적도 없이.

새해 첫날 눈부신 일출도 보고 차분하고 고요하고 장엄하기까지 한 일몰도 보았다. 일출이 휘모리장단이라면 일몰은 진양조장단이랄까 서두르지 않고 고즈넉하다. 오늘 하루는 지나간 소중한 추억의 한 장이 될 것이다. 일출을 기다리던 그 설렘의 시간도, 일몰을 기다리던 그 엄숙한 시간도 모두.

내일은 또 나에게 어떤 시간이 주어질지 자못 궁금하다. (2024)

고향별곡

　유년시절 산촌에서 살았다. 세월이 아무리 흘러도 지워지지 않는 영상으로 남아 있어 고달픈 삶의 길목에서 아련히 떠오르는 곳이다. 아무것도 가진 것 없었지만 내 인생이 가장 행복했던 시절이 아니었나 싶다. 수구초심首丘初心이라 했던가 나이 들어갈수록 그리워지는 곳이기도 하다. 어제 지난 일도 기억하지 못해 쩔쩔맬 때가 있는데 유년시절의 일은 오히려 생생하니 어이가 없는 노릇이기도 하다.

　훈훈한 바람이 불기 시작하면 산은 아우성을 치며 들썩인다. 땅을 헤집고 생명들이 올라온다. 죽지 않고 나 여기 살아있다고, 나무마다 물이 오르고, 새로운 잎이 나고, 온갖 풀들이 만세를 부르며 솟아오른다. 황량한 겨우내 어디에서 날개깃을 접고 지내던 새들도 봄 길을 따라와 집을 짓고 알을 낳고 생명을 키운다. 수천 가지 들꽃들도 봄바람에 맞춰 춤을 추고 산은 휠 휠 휠 깃을 친다.

　산촌의 아이들은 맨발로 들로 산으로 내달리며 신비로운 자연의 변화를 맞이하며 산의 숨소리를 들으며 자라난다. 산의 색깔에 따라 계절이 오고가는 것을 배우고 살아있는 생명체인 산과 호흡을 같이 한다. 추운 겨울 온 세상이 다 얼어붙고 제아무리 눈이 쌓여도 저 깊은 땅속에서는 숨을 죽이며 봄이 오기를 기다린다. 아이들도 그렇게 봄을 기다린다.

보리가 익어가는 계절이 오면 꿩 알을 찾아 산속을 헤집고 다녔다. 산에는 머루, 다래가 지천에 널려 있고, 깊은 계곡을 품은 앞산에서는 밤이 익어가고 골짜기가 깊은 뒷산에서는 산딸기가 익어간다. 앞산과 뒷산을 붉게 물들이는 진달래를 혀가 보라색이 되도록 따먹기도 했다. 할아버지의 부지런한 손길에 뒷마당 살구나무에서는 살구가, 사과나무에서는 사과가 익어간다. 해마다 벌통에서 꿀을 따는 날은 그냥 그날이 내 생일날 같았다. 겨울 한 철을 제외하면 먹을 것이 풍년이었다. 깊어가는 겨울밤, 호롱불 아래서 어머니는 바느질을 하시고 우리 남매들은 갓 구운 고구마를 먹는다. 그럴 때면 나는 공주보다 행복했다. 부엉이가 우는 밤 할머니께 『나뭇꾼과 선녀』 이야기를 들으며 잠이 들 때면 선녀가 되어 하늘을 날아다니는 꿈을 꾸곤 하였다. 여름밤 반딧불이를 쫓으며 흐르는 물처럼 세월은 그렇게 흘러갔다.

문만 열면 산과 마주하는 곳, 나비와 잠자리가 날고, 메뚜기와 방아깨비가 뛰어다니는 들판, 까마귀 우는 골짜기, 별들이 카랑카랑 돋아나는 하늘, 강물이 흐르듯이 이어진 은하수, 이 골 저 골 애처러운 전설이 살아 있는 곳. 이른 새벽 노루가 마당에 들어왔다가 검둥이에게 놀라 싸리문 뒷담을 넘어 줄행랑을 치던 능선. 뒷산에 들국화가 수를 놓고 바지랑대 위의 고추잠자리가 날 때쯤 독수리가 닭집 위에서 호시탐탐 닭을 노리고 비행을 하던 그곳. 백 년 묵은 여우가 사람을 홀린다는 윗마을로 가는 고갯마루, 낮에도 호랑이가 출몰한다는 뒷 산. 태초의 숨결이 살아 숨 쉬는 곳이며 내 유년의 꿈들이 싹튼 곳이기도 하다. 타인에게 내 고향 학현은 행정구역의 일부지만 나에게는 잊지 못할 어머니 품속이기도 하고 내 수필의 고향이기도 하다. 오늘 밤도 생각은 그 시절로 달려간다. 떠나간 임을 그리워하듯이.

증조부의 꽃상여가 언덕을 넘어 산속으로 들어가고 얼마 지나지 않아 우리는 그 고향 땅을 떠났다. 나의 유년시절도 고향을 떠나면서 끝이 났다. 아쉬움과 그리움을 그곳에 묻어둔 채로.

고향은 항시 증조부와 연결지어 떠오르곤 한다. 젊어 한때는 독립운동을 한다고 전국의 산야를 누비기도 했건만 어두운 식민지 시대를 살아가야 했던 이 땅의 무력한 지식인들처럼 증조부도 젊은 시절을 그렇게 살다 뜻을 이루지 못하고 세상과 단절된 이 산촌으로 들어와 화전민으로 살았으니 오죽이나 답답했겠는가. 일본군에게 쫓기어 재산을 모두 빼앗기고 죄 없는 식솔들을 끌고 이곳까지 들어왔으니 가족들에 대한 미안함도 컸으리라. 찾아오는 이 없던 그 산속에 증조부의 긴 운구 행렬은 지금도 이해할 수 없는 한 폭의 그림이다.

수많은 세월이 흘렀는데도 선명하게 떠오르는 고향이다. 눈만 감으면 떠오른다. 부엉이 울던 앞산도, 진달래 피던 뒷산도, 지나간 추억 속에 있다. 밤꽃 피는 앞산도, 뻐꾸기 울던 산길도, 싸리꽃이 하얗게 핀 언덕도, 빨갛게 물든 산딸기도 잊지 못할 추억으로 남는다.

찬란한 햇살이 분수처럼 쏟아지던 산야에 바람이 흘러가고 마당에 멍석을 깔고 누워 별을 헤아리던 그때가 못 견디게 그리워진다. 다시는 돌아갈 수 없는 곳이기에 더욱 애틋하게 다가오는 것이 아닌가 싶다.

물 흐르듯 흐르는 세월 속에서 애환을 겪으며 행복도, 불행도, 사랑도, 미움도 어쩔 수 없이 구름처럼 흘러간다는 것을 아는 나이를 먹어 버렸다. 고향의 향기는 오랜 시간을 지난 지금 더욱 진하게 풍겨온다.

피곤한 몸 가난한 마음을 살찌게 하고 사막처럼 삭막한 사람들의 마음에 오아시스처럼 물이 흐르게 할 수 있는 곳은 고향이 아닐까. 고향은 오래 살아 정든 집과 같이 푸근하다. 어머니가 살아계시는 아늑한 안방과 같이. (2024)

내 삶을 돌아보며

김동분 수필집

초판인쇄 2025년 8월 30일
초판발행 2025년 8월 30일

지 은 이 김동분
펴 낸 이 박래환
펴 낸 곳 주디자인
주   소 충북 청주시 상당구 수동 436-6
대표전화 043-224-3550
팩   스 043-221-1933

ISBN 979-11-88875-88-7

※이 책은 충청북도, 충북문화재단의 후원으로 문화예술육성
　지원사업의 일환으로 지원받아 발간되었음.